Klaus G. Deissler (Hg.)
Familienunternehmen beraten

DiskurSys | Herausgegeben von Klaus G. Deissler

Editorial

Seit Jahren steigt der Bedarf an qualitativ hochwertigen Beratungsformen, die sich außerhalb therapeutischer Kontexte definieren, deutlich an. Ziel solcher Beratungsformen ist es nicht nur, die finanziellen und emotionalen Kosten, z.B. von eskalierenden Konflikten, für die Beteiligten zu senken, sondern insbesondere die Zusammenarbeit zu optimieren, Zukunftsperspektiven zu entwerfen und realisierbare Lösungswege zu schaffen. Zu solchen Beratungsformen zählen beispielsweise Mediation, Beratung in und mit Organisationen sowie Beratung von Familienunternehmen.

Oft wird bei diesen Beratungsformen übersehen, dass sie ihre Effizienz und ihren zukünftigen Erfolg entscheidend von der Qualität der Zusammenarbeit zwischen den Beratenen und den BeraterInnen herleiten. Die Buchreihe »**DiskurSys – Ressourcen zur Beratungspraxis**« setzt genau an diesem Punkt ein:

- Im Zentrum jedes Bandes steht je ein Beitrag, der als innovative »**Ressource**« für Beratungsformen dient, bei denen die Qualität der Zusammenarbeit und die Effizienz des Beratungsprozesses im o.g. Sinne im Vordergrund stehen.
- Unter der Rubrik »**Diskurs**« wird diese Ressource von ausgewiesenen Fachleuten diskutiert, kritisch gewürdigt und als ›Sprungbrett‹ für eigene Ideen und Praktiken genutzt.
- Jedes Buch wird mit »**Referenzen**« abgerundet: Hier finden die Leserinnen und Leser ein Literaturverzeichnis, kommentierte Literaturempfehlungen sowie Kurzbiografien und Kontaktdaten der Autorinnen und Autoren.

Klaus G. Deissler (Hg.)

Familienunternehmen beraten

Positionen und Praxisbeispiele

[transcript] DiskurSys | Ressourcen zur Beratungspraxis | Band 2

Bibliografische Information der Deutschen Bibliothek
Die Deutsche Bibliothek verzeichnet diese Publikation in der Deutschen Nationalbibliografie; detaillierte bibliografische Daten sind im Internet über http://dnb.ddb.de abrufbar.

© 2006 transcript Verlag, Bielefeld

Die Verwertung der Texte und Bilder ist ohne Zustimmung des Verlages urheberrechtswidrig und strafbar. Das gilt auch für Vervielfältigungen, Übersetzungen, Mikroverfilmungen und für die Verarbeitung mit elektronischen Systemen.

Umschlaggestaltung und Innenlayout: Kordula Röckenhaus, Bielefeld
Lektorat und Satz: Gero Wierichs, more! than words, Bielefeld
Korrektorat: Natalie Deissler, Bielefeld
Druck: Majuskel Medienproduktion GmbH, Wetzlar
ISBN 3-89942-395-X

Gedruckt auf alterungsbeständigem Papier mit chlorfrei gebleichtem Zellstoff.

Besuchen Sie uns im Internet: *http://www.transcript-verlag.de*

Bitte fordern Sie unser Gesamtverzeichnis und andere Broschüren an unter: *info@transcript-verlag.de*

Inhalt

Vorwort 7

Ressource

KLAUS G. DEISSLER
**Beratung von Familienunternehmen:
Neue Sprache – neue Möglichkeiten?** 17

Vater-Sohn-Beziehung: Szene aus einem Familienunternehmen 17
Randnotizen zum Stand der Diskussion 19
Eröffnung ungenutzter Möglichkeiten durch eine neue Sprache? 29
Konsequenzen für die Beratungspraxis 44
Fazit 52
Ausblick 53

Diskurs

KAI W. DIERKE/ANKE HOUBEN
Unternehmen – Familie – Beratung: Dialoge und Expertise 59

FRANZ JOSEF HUNECKE/EDELTRAUD QUINKLER-KOCH
**Punktuelle Einmal-Beratung – eine Alternative?
Oder: Wie aus Verlegenheiten Gelegenheiten entstehen** 77

IRIS MAASS
**Systemische Beratung von Familienunternehmen –
ein Erfahrungsbericht** 87

BODO PISARSKY
**Wertschätzende Kooperation zwischen sozialpsychiatrischem
Auftrag und familiären Pflichten. Ein Praxis-Bericht** 99

ARIST V. SCHLIPPE/TORSTEN GROTH
**Familienunternehmen und Beratung:
Paradoxien und Dilemmata** 109

Referenzen

Literaturverzeichnis 129

Kommentierte Literaturempfehlungen 135

Autorinnen und Autoren 145

Vorwort

Dass ich den Lesern den zweiten Band der Reihe DiskurSys[1] vorstellen kann, freut mich besonders, da es sich bei der Beratung von Familienunternehmen um ein Thema handelt, das mir sehr am Herzen liegt.

Die Beratung von Familienunternehmen stellt eine besondere Herausforderung in einer Zeit dar, in der einerseits die Beratertätigkeit hinsichtlich ihrer Effizienz bzw. der Kosten/Nutzen-Relation hinterfragt und kritisiert wird und andererseits Familienunternehmen ins Zentrum des Interesses vieler Experten gelangt sind – seien es Betriebswirtschaftler, Juristen, Steuerexperten, Organisationstheoretiker und -berater, Familientherapeuten oder Politprofis.

Zur Vermeidung von Missverständnissen möchte ich hier noch einmal und ausdrücklich hervorheben, dass es sowohl in der DiskurSys-Reihe im Allgemeinen als auch in diesem Band im Besonderen nicht in erster Linie darum geht, theoretische Positionen wiederzugeben und wissenschaftliche Argumentationen zu referieren oder zum Zentrum der Reflexion zu machen. Das Anliegen dieser Reihe besteht vielmehr darin, unterschiedliche Bereiche und Formen der Beratungspraxis darzustellen und sie hinsichtlich ihrer Potentiale und in verschiedener Perspektive zu reflektieren. Auf diese Weise sollen ihre Praxistauglichkeit und ihr Nutzen veranschaulicht werden. Dies wiederum hilft dem Leser bei einer eigenen Einschätzung. Der gesamte Prozess der Praxisreflexion und der Einschätzung der Nützlichkeit kann kompliziert sein, denn die Beschreibung von Beratungsprozessen, ihren Zielen, ihren Bewertungszusammenhängen usw. ist schwieriger als z.B. die Funktionsbeschreibung bestimmter Produkte oder die Ergebnisdarstellung von Testreihen, z.B. der Stiftung Warentest.

Das Konzept der Buchreihe DiskurSys besteht darin, einen Aufsatz als *Ressource* in den Mittelpunkt eines Bandes zu stellen. Im zweiten Teil – *Diskurs* genannt – gruppieren sich andere Aufsätze um die *Ressource* herum, indem sie deren Ideen aufgreifen, reflektieren und in eigener Praxis darstellen, transformieren oder zumindest als Ausgangspunkt nehmen. Dass die Gesamtheit der Aufsätze keine homophone[2] Einheit darstellt, heißt gleichzeitig, dass unterschiedliche Auffassungen im Sinne der Polyphonie verstärkt auftreten. Das bedeutet, diese Unterschiede werden nicht als Nachteil »in Kauf genommen«, sondern sie stellen aus Sicht des Herausgebers und der Mitautoren einen besonderen intellektuellen Reiz und Reichtum an Auffassungen dar. Dies dient der Entfaltung neuer Ideen und eröffnet kreative Handlungsmöglichkeiten für die Weiterentwicklung der Beratungspraxis. Über die Wertschätzung sowohl der Unterschiede als auch der Gemeinsamkeiten wird die Qualität der Beratungsansätze verdeutlicht und verständlich. Dass es dabei auch um den Umgangsstil – die Formen, wie Berater und zu Beratende sich aufeinander beziehen, wie sie miteinander kommunizieren bzw. miteinander sprechen und handeln – geht, sollte in dem ersten Band »Die Wertschätzende Organisation« deutlich geworden sein.

Unternehmen Familie – Familienunternehmen

Dass die *Familie* für die meisten Menschen ein (abenteuerliches) *Unternehmen* darstellt, bedarf keiner besonderen Begründung und stellt für die meisten eine Binsenwahrheit dar. Dass aber *Familienunternehmen* als wirtschaftliche Kerneinheiten eines Staates und damit des sozialen Fortschritts und des Wohlstandes beschrieben werden können, ist vielleicht nicht so selbstverständlich – zu sehr waren wir in der bisherigen Diskussion mit Dichotomisierungen wie »Individuum und Gesellschaft« oder »Kapital und Arbeiterklasse« beschäftigt. Es ist seit langem keine Geheimnis mehr, dass sich soziale Konstruktionen insbesondere über Beziehungen[3] und »Systeme von Beziehungen« realisieren. Erst in jüngerer Zeit wird diese Erkenntnis in den Vordergrund der Diskussion gerückt, wie beispielsweise der Buchtitel »The Social Construction of Organization« (Hosking/McNamee 2006) zeigt. Dass aber Familienunternehmen als »soziale Konstruktionen« beschrieben und verstanden werden können, ist vielleicht nicht unmittelbar einsichtig. Daher werden in den folgenden Abschnitten ein paar Zusammenhänge hergestellt, die dies verdeutlichen sollen.

Von der Familientherapie zur Beratung von Familienunternehmen?

Dass auch Familienunternehmen »soziale Konstruktionsprozesse« zugrunde liegen, in denen mehr als nur die Personen engagiert sind, die zum Verwandtschaftssystem »Familie« gehören, wird spätestens dann deutlich, wenn man nach dem wirtschaftlichen Erfolg dieser Unternehmensform fragt. Wie wird dieser Erfolg über das Engagement der zum Familienunternehmen gehörenden Familienmitglieder realisiert? Über Kinderbetreuung und familieninterne Hilfskräfte hinaus ist das Unternehmen auf vielfältige externe Hilfen angewiesen, die nicht von den Familienmitgliedern selbst geleistet werden – dazu gehören familienfremde Mitarbeiter der Firma, Kreditgeber und Kunden sowie verschiedene Berater wie Rechtsanwälte, Steuer- und Organisationsberater.

Im letzten Jahrzehnt haben sich aber auch vermehrt »Familientherapeuten« der Beratung von Familien und ihren Unternehmen zugewandt. Hilfreich waren dabei ein »systemisches« Verständnis der komplexen Zusammenhänge zwischen Familie, Unternehmen und Eigentumsverhältnissen sowie dem Denken in Kommunikations- oder Beziehungsgestaltungen, und über das Denken in Verwandtschaftsbeziehungen hinaus auch das Verständnis von wirtschaftlichen Aspekten.

Ein interessanter Blickwinkel, der die familientherapeutischen Perspektive berücksichtigt, entsteht, wenn man *neuere* Veröffentlichungen im Bereich »Familienunternehmen« und *ältere* Veröffentlichungen im Bereich der Familientherapie vergleicht. Die »neuesten Erkenntnisse« im Bereich Familienunternehmen und ihrer Beratung scheinen sich derzeit um eine zentrale erkenntnisleitende Annahme zu zentrieren: Familienunternehmen werden erst dann als erfolgreich anerkannt, wenn sie über mehrere Generationen bestehen und wirtschaftlich erfolgreich arbeiten. Dies wird durch den Begriff »Mehrgenerationen-Familienunternehmen« impliziert und beschrieben (Simon/Wimmer/Groth 2005). Die Mehrgenerationen-Perspektive bei Familienunternehmen transportiert somit fast automatisch das Versprechen wirtschaftlichen Erfolges. Gelingt es also, Familienunternehmen mehrgenerativ zu führen, ist der Erfolg – folgt man dieser These – fest mitgebucht. Wenn dem so ist, müsste man Königshäuser, die über mehrere Jahrhunderte bestehen, an Reichtum gewonnen haben und von bestimmten Familiengeschlechtern getragen werden, als die erfolgreichsten Unternehmen aller Zeiten anerkennen – gefolgt von Dynastien erfolgreicher Manufaktur- und Händlerfamilien und von modernen Mehrgenerationen-Familienunternehmen.

Was hat diese Idee mit Familientherapie zu tun? Viele Kolleginnen und Kollegen, die heute erfolgreich mit und in Familienunternehmen arbeiten, haben neben anderen Ausbildungen auch eine familientherapeutische Ausbildung abgeschlossen; andere wiederum sind erst über die Familientherapie zur Beratung von Familienunternehmen gekommen. Daher sind einige Überschneidungen zwischen beiden Gebieten mehr als zufällig.

Seit den Anfängen der Familientherapie bis heute gibt es eine Schule der Familientherapie, die sich »Mehrgenerationen-Familientherapie« nennt (vgl. Massing et al. 2006). Diese Form der Familientherapie ist seit dem Erfolg sog. »lösungsorientierter Kurzzeittherapien« eher in den Hintergrund der Diskussion gerückt und wird derzeit nur von einer kleinen, aber engagierten Minderheit als Praxisform vertreten. Interessant sind meines Erachtens in diesem Zusammenhang drei Annahmen der Mehrgenerationen-Familientherapie, die hier vereinfacht wiedergegeben werden und mit Annahmen der Mehrgenerationen-Familienunternehmen in Bezug gesetzt werden:

1. Zur ›Erzeugung‹ schwerwiegender psychischer Probleme braucht eine Familie mindestens drei Generationen.
2. Ziel der Mehrgenerationen-Familientherapie besteht darin, in der dritten Generation nach der Behandlung – also vom Zeitpunkt des Therapiebeginns aus gesehen der Enkelgeneration! – »Symptomfreiheit« zu erreichen (Boszormenyi-Nagy 1985).
3. Die Sprache der Mehrgenerationen-Familientherapie – Boszormenyi-Nagy verwendet z.B. Begriffe wie »Verdienst- oder Schuldkonten« – ist vielfach an eine ökonomische Sprache angelehnt.

Während beim letztgenannten Aspekt die *Verwandtschaft* von Mehrgenerationen-Familientherapie und Mehrgenerationen-Familienunternehmen quasi auf der Hand liegt, lässt sie sich für die beiden ersten zumindest indirekt erschließen. Der erste Aspekt hat seine Entsprechung in folgender Aussage über Familienunternehmen: Um – ironisch zugespitzt – ein Familienunternehmen, das in der ersten Generation erfolgreich ist, ›zugrunde zu richten‹, braucht man drei Generationen: Die erste baut es auf, die zweite genießt die Früchte des Aufbaus und die dritte liquidiert das Unternehmen (»Der Vater erstellt's, der Sohn erhält's, den Enkeln zerfällt's« [May 2004]).

Dem zweiten Punkt der Mehrgenerationen-Familientherapie entspricht der Wunsch von Beratern und Theoretikern, die Lebensdauer von Familienunternehmen zu erhöhen: Z.B. sollen Familienunternehmen mit Hilfe optimierter Nachfolgeregelungen wirtschaftlich »gesund« gestaltet werden und mindestens bis in die dritte Generation erhalten werden.

Es stellt sich die Frage, ob damit die Ideen der Mehrgenerationen-Familientherapie eine späte, unausgesprochene Anerkennung erfahren. Auf jeden Fall bleibt festzustellen, dass beide – Mehrgenerationen-Familientherapie und Mehrgenerationen-Familienunternehmen – durch die »Mehrgenerationen-Perspektive« verbunden sind. Unabhängig davon wirft diese Perspektive zwei wichtige Fragen auf, die bei der Beratung von Familienunternehmen zu beachten sind:

- Die Frage der zeitlichen Perspektive von Familienunternehmen: Wie lange sollten Familienunternehmen existieren?
- Die Frage der Personenkonstellationen, die in die Beratung einbezogen werden: Welche Personengruppen sind relevant für die Beratung von Familienunternehmen?

Halbwertzeiten, Eigenzeiten[4] und ihre Koordination in Beratungskontexten

Angenommen, die Halbwertzeit einer Liebesbeziehung läge bei maximal vier Jahren (von insgesamt acht Jahren, bevor sich die Partner trennen oder sich entschließen, aus anderen Gründen zusammen zu bleiben); und die Halbwertzeit einer Beziehung zwischen einem Autofahrer zu seinem PKW würde bei dreieinhalb Jahren liegen (bevor sich die »Partner« entschließen, sich nach sieben Jahren zu trennen ...) – wie lange dauert dann die Halbwertzeit einer Beziehung einer Unternehmerfamilie zu ihrem Unternehmen? Zehn Jahre (also eine Gesamtlebensdauer von 20 Jahren)? Oder überdauert sie mehrere Generationen?

Wer sich ein Auto kauft, macht sich meist über die Lebensdauer seines Vehikels Gedanken; wer eine Liebesbeziehung eingeht, fragt sich vielleicht schon weniger, wie lange diese Beziehung wohl dauern wird, weil Liebe zwar nach Ewigkeit verlangt, sich aber nicht kalkulieren lässt. Wollen aber diejenigen, die ein Familienunternehmen gründen, sich sicher sein, dass ihr Unternehmen mindestens eine Generation überdauert und dann an die nächste weitergegeben wird – also mindestens 20 + x Jahre alt wird? Ich unterstelle hier einmal, dass diese Frage für die meisten Gründer von Familienunternehmen zum Zeitpunkt der Firmengründung eine untergeordnete Rolle spielt.

Glaubt man nun einschlägigen Statistiken, die man immer wieder in Fachjournalen lesen kann, überdauern ›nur‹ etwas mehr als 50 % der Firmengründungen die erste Generation – und dies wird mit Bedauern zur Kenntnis genommen. Aber muss man dieses Faktum notwendigerweise negativ bewerten? Doch wohl nur, wenn unser Orientierungsrahmen Eigenzeiten impliziert, die sich mindestens an der Mehrgenerationen-Perspektive orientieren und gar nach »Ewigkeit« streben, wenn wir beispielsweise an Königshäuser denken.

Der Erfolg von Mehrgenerationen-Familienunternehmen ist bewunderns- und anerkennenswert, zumal wenn er über die dritte Generation hinausgeht. Ab der dritten Generation sinkt die Wahrscheinlichkeit des »Überlebens« (unausgesprochen: des »Erfolgs«) jedoch unter 5 % und strebt schließlich gegen 0 %.

Was also ist mit den 50 % der Familienunternehmen, die jeweils eine Generation in ihrer Lebensdauer nicht überschreiten und wieder und wieder neu gegründet werden – sind sie notwendigerweise gescheitert, weil sie innerhalb einer Generation auch wieder aufgelöst werden? Wenn man nicht von vorneherein positive Gründe für die zeitliche Begrenzung eines Familienunternehmens annehmen kann, und bevor man das wenig wertschätzende Urteil des »Scheitern« oder des »Versagens« über »Kurzzeit-Familienunternehmen« fällt, wären sicher noch einige Untersuchungen notwendig, um die These des »Scheiterns« zu erhärten.

Mir geht es hier also unausgesprochen auch darum, eine wertschätzende Haltung gegenüber Kurzzeit-Familienunternehmen zu entwickeln und dazu beizutragen, die Sensibilität gegenüber den Eigenzeiten der Systeme zu erhöhen, die diese Systeme konstituieren. So können z.B. die Eigenzeiten einer Familie, die eines Unternehmens und die einer möglichen Besitzergemeinschaft unterschiedlich sein. Dass diese Systeme auch als unterschiedliche Diskurse verstanden werden können, soll in der Ressource in diesem Buch auch deutlich und mit einer bestimmten Beratungsform verknüpft werden. Es stellt sich also weniger die Frage, ob und welche Systeme unabhängig vom Berater (und seiner Beobachtung der Systeme) existieren, sondern vielmehr, welche Systeme man sinnvoller Weise in die Beratungsgespräche einbezieht und wie man diese Beratungen dann gemeinsam mit den Auftraggebern gestalten kann.

Danksagung und Wünsche

Bevor ich den interessierten Lesern viel Spaß und Anregung bei der Lektüre wünsche, möchte ich mich bei den Mitautoren dieses Buches bedanken. Ohne ihre Mithilfe wäre der Band in seiner Vielstimmigkeit nicht zustande gekommen. Ebenso bedanke ich mich beim transcript Verlag für seine Unterstützung, insbesondere für die Arbeit von Gero Wierichs, der dieses Projekt nicht nur ermöglicht hat, sondern auch wertschätzend gefördert hat.

Ich wünsche allen Lesern, dass sie in diesem Buch für ihre weitere Arbeit in und mit Familienunternehmen einen kleinen, aber nützlichen Begleiter finden.

Klaus G. Deissler
Marburg, im Juli 2006

Anmerkungen

1 | Bereits erschienen: Deissler/Gergen (Hg.) (2004): Die Wertschätzende Organisation.
2 | »Homophonie« = Gleichklang, im Unterschied zu »Polyphonie« = Vielstimmigkeit.
3 | »Beziehung«, »Kommunikation« und »Umgang miteinander« werden hier synonym verwendet.
4 | Eigenzeit = die einem System eigene Zeit (≈ Lebendauer).

Ressource

Beratung von Familienunternehmen:
Neue Sprache – neue Möglichkeiten?

Klaus G. Deissler

> *Blut ist dicker als Verstand und Liebe.*
> *(Volksmund)*
>
> *There's no chance of world salvation*
> *Less the conversation's peace*
> *(Stevie Wonder)*

Vater-Sohn-Beziehung: Szene aus einem Familienunternehmen

Vater (40) und Sohn (13) gehen gemeinsam durch den Ausstellungsraum des Familienunternehmens, in dem eine Auswahl von Haushaltswaren und Geschenkartikeln für Besucher gezeigt werden. Der Blick des Sohnes bleibt an einem Imitat aus Plastik von Dürers »Betenden Händen« haften. Er fragt seinen Vater: »Wie kommt es, dass du solchen Kitsch verkaufst? Das ist ein schlecht gemachtes Imitat und dazu noch aus Plastik ...«
Er unterstellt dabei, dass dem Vater dieser Geschenkartikel genau so wenig gefällt wie ihm selbst. Der Vater antwortet: »Wenn ich nur das verkaufen wollte, was mir gefällt, hätte ich auf Dauer keinen geschäftlichen Erfolg; wenn man als Geschäftsmann erfolgreich sein will, muss man die Kundenwünsche berücksichtigen und oft seinen eigenen Geschmack vernachlässigen.«

Diese kleine Szene aus dem Leben eines Familienunternehmens wirft einige Fragen auf, die nicht nur für zukünftige (Familien-)Unternehmer relevant sind, – zum Beispiel:

- Muss der Unternehmer bereit sein, das erfolgreich zu verkaufen, was ihm selbst nicht gefällt? Allgemeiner gefragt: Muss er das zu verkaufen bereit sein, was ihn nicht interessiert oder was er ablehnt? Müssen oder dürfen Fragen des eigenen Geschmacks beim Verkauf von Produkten, Dienstleistungen, Technologien usw. eine Rolle spielen?
- Muss er sich Wissen über Dinge aneignen, die ihm widerstreben, um sie mit Sachverstand verkaufen zu können?
- Sollte der Vater dem Sohn mit seinen Argumenten das Denken in kaufmännischen Kategorien schmackhaft machen, und sollte er ihn gleichzeitig vor den Klippen des Geschäftslebens warnen?

Die Fragen, die in diesem Beispiel und in diesem Aufsatz berührt werden, haben also zu tun mit den Bereichen

Ästhetik –
Welche Haltung sollte der Leiter eines (Familien-)Unternehmens zu den Dingen einnehmen, die er verkauft, oder zu den Dienstleistungen, die er anbietet? Sollen sie ihm mehr oder weniger gefallen, soll er sie unabhängig von seinem eigenen Geschmack verkaufen?

Ethik –
Sollte ein Unternehmer mehr oder weniger im Einklang mit seinen eigenen Überzeugungen seinen Geschäften nachgehen? Sollte er sich mehr oder weniger für oder gegen den Nutzen, den andere aus diesem Tun ziehen, engagieren? Sollte zum Beispiel ein Unternehmer, der Zigaretten herstellt, sich gleichzeitig für die Krebsforschung engagieren?

Expertentum –
Sollte das Expertentum eines Firmenleiters neben dem sachbezogenen Know-how auch im kommunikativen Bereich liegen, z.B. darin, wie man mit Kunden zusammenarbeitet? Kommt es mehr auf das Wissen um die Funktionsweise bestimmter Waren an, also darum, deren Handhabung zu kennen, um sie gut verkaufen zu können? Oder kommt es mehr auf die Umgangsformen mit Mitarbeitern, Kunden, Familienangehörigen usw. an?

Kaufmännische Einstellung –
 Sollte der Wunsch oder die Bereitschaft, etwas erfolgreich zu verkaufen, um dem geschäftlichen Nutzen der Firma zu dienen, an erster Stelle stehen? Sollten in erster Linie der eigene Lebensunterhalt und die Beschäftigung der Mitarbeiter finanziell gesichert werden? An welcher Stelle steht das Wohl der Familie?

Familien- und firmeninterne Beziehungen –
 Wie sollen die Gesprächsformen (Mitarbeitertreffen, Familien- und Betriebsfeiern), welche die Familienmitglieder und Firmenmitglieder miteinander pflegen, hinsichtlich Quantität, Qualität und Inhalten aussehen? Innerhalb welchen Rahmens sollten diese Gespräche stattfinden, und welche Themen sollten diese Gespräche haben – Familie, Unternehmen, Besitzverhältnisse oder Freizeitgestaltung, oder Kombinationen aus all dem?

Zwischenfazit

Für die meisten Beteiligten an Familienunternehmen gestaltet sich das Zusammenleben, die Existenzsicherung und die Zukunftsplanung weit komplizierter als eine oberflächliche Betrachtung nahe legt. Sowohl im privaten als auch im geschäftlichen Bereich stellen sich den beteiligten Personen Fragen, die Außenstehende zu verstehen versuchen sollten. Dies gilt vor allem dann, wenn sie sich anschicken, die Logik, die emotionalen und die geschäftlichen Verwicklungen zu erfassen. Insbesondere für Wissenschaftler und Berater lohnt es sich, bei den Darstellungen der beteiligten Personen genau hinzuhören, wenn sie eine qualitativ anspruchsvolle Arbeit durchführen und erfolgreich gestalten wollen.

Alle angesprochenen Bereiche sollen hier nicht im Detail behandelt werden. Es wird jedoch ein besonderer Zugang gewählt, der es ermöglichen soll, ein neues Verständnis für Familienunternehmen und deren Beratung zu entwerfen.

Randnotizen zum Stand der Diskussion

Heutzutage findet man in Tageszeitungen, Fachjournalen, Büchern und anderen Medien zunehmend Beiträge, die sich mit Familienunternehmen auseinandersetzen. Forschungsprojekte an Universitäten bis hin zu Tagungen von Mittelstandsverbänden haben Themen, die Familienunternehmen betreffen, zum Inhalt. Zwei signifikante Fakten markieren den derzeitigen Kontext der Diskussion:

1. Mehr als die Hälfte des Bruttosozialprodukts von Industrienationen wird durch Familienunternehmen erbracht.
2. Bis zu 50 % der Familienunternehmen enden mit der ersten und kaum mehr als 5 % erreichen die dritte Generation.[1]

Allein die beiden genannten Punkte legen eine unmittelbare kritische Reflexion nahe, und sie sind ausgedehnter Forschungsprojekte würdig. Im folgenden Abschnitt werde ich jedoch zunächst auf den aktuellen Stand der Diskussion von Familienunternehmen eingehen. Meine Überlegungen können als direkte und indirekte Kommentare zu den beiden genannten Tendenzen verstanden werden.

Typische Familienunternehmen

Betrachtet man den derzeitigen deutschsprachigen Diskussionsstand bezüglich Familienunternehmen und deren Beratung, so scheint bei Beratern, Theoretikern, Forschern und Journalisten das Verständnis vorzuherrschen, dass es sich bei diesen Organisationsformen in erster Linie um eine Mischform aus Unternehmen zur Realisierung wirtschaftlicher Interessen, die Gestaltung von Besitzverhältnissen sowie familiale Organisationsformen zur »Erziehung« von Kindern handelt. Das heißt, auf der familialen Organisationsebene werden sowohl eine Eltern- als auch eine Kindergeneration als vorhanden vorausgesetzt.

Diese Unternehmensformen werden meist von kreativen und engagierten Familienvätern gegründet und geleitet. Die Ehefrauen, aber auch andere Familienmitglieder unterstützen sie dabei und arbeiten unter persönlichen Opfern beim Aufbau und der Konsolidierung der Firmen mit. Wenn dies gelingt, wachsen und gedeihen die Kinder über die Jahre und verhalten sich solidarisch gegenüber dem Betrieb. Gleichzeitig scheint die »Abwesenheit« des Vaters im Privatleben der Familie ein wichtiges Thema für die Unternehmerfamilie zu sein.

Wirtschaftliches Überleben und Existenzkampf der Firma stehen im Vordergrund und dominieren das Familienleben, so dass die Kindererziehung, die Qualität des Familienlebens und die Atmosphäre der Familienbeziehungen oft hinter der Vorrangigkeit des Existenzkampfes zurückstehen. Wenn auf diese Weise der Erfolg eines Familienunternehmens gesichert ist, wird es an die jeweils nachfolgende Generation weitergegeben, so dass der Prototyp einer erfolgreichen Unternehmensform entsteht: das erfolgreiche Familienunternehmen als *Mehrgenerationen-Familienunternehmen*. Somit wird die *Mehrgenerationen-Perspektive* unausgesprochen zu einer Kernfrage erfolgreicher familien- und wirtschaftspolitischer Entscheidungen – Entscheidungen also, die beide betreffen: den Betrieb *und* die Familie.

Demgemäß sehen Fachleute insbesondere dann Schwierigkeiten und Gefahren für den Bestand von Familienunternehmen, wenn es um signifikante *interne Transformationsprozesse des Familienunternehmens* geht – z.B. beim so genannten Generationenwechsel im Unternehmen, also die Übergabe der Geschäftsleitung an die Nachfolgegeneration, meist an einen Sohn. Aber auch bei der Übergabe an eine familienexterne neue Leitung können Probleme entstehen. So oder so – eine gelungene Geschäftsübergabe wird als die zentrale Voraussetzung für den Weiterbestand der Firma angesehen. Eher unausgesprochen werden Unternehmen, die von Familienmitgliedern betrieben und bereits in der ersten Generation beendet werden, als weniger erfolgreich bzw. als schlecht auf den Generationenwechsel vorbereitet oder als wirtschaftlich versagend angesehen.

Bleiben wir aber zunächst bei dem, was im dominanten Diskurs explizit benannt wird: Im Prinzip kann sich ein kleines Familienunternehmen über die Dekaden hin zum Großunternehmen entwickeln, das von professionellen Managern, einem Aufsichtsrat und einem Vorstand geführt wird. Bei diesen Entwicklungen nimmt die Bedeutung der Nachfolgegenerationen der Gründerfamilie gewöhnlich über die Zeit ab, und es können »anonyme Unternehmensformen« entstehen, in denen Familienmitglieder der nachfolgenden Generation zwar noch mit zu den Eigentümern des Unternehmens gehören, der Gründerfamilie aber nur noch zu Jubiläumsveranstaltungen gedacht wird.

Wenn man die – zugegebenermaßen vereinfacht und eher abstrakt geschilderte – Entwicklungsform von Familienunternehmen als paradigmatisch akzeptiert, fallen folgende Punkte auf, die unausgesprochen in der Beschreibung enthalten sind:

- Die Zugehörigkeit zum Kern des Familienunternehmens scheint sich in erster Linie (in nicht näher zu beschreibender Weise) durch »Blutsverwandtschaft« zu bestimmen; erst in zweiter Linie und im Laufe der Zeit werden wichtige Positionen im Unternehmen zunehmend

durch andere, nicht zum Verwandtschaftssystem gehörige Personen ergänzt und/oder ersetzt, während das Unternehmen im Besitz der »Familie« bleibt.
- Überwiegend werden Familienunternehmen beschrieben, in denen
  1. Männer die Geschäftsleitung innehaben und
  2. die Fortführung des Unternehmens wiederum von Söhnen oder männlichen Mitarbeitern übernommen wird. (Berichte über Familienunternehmen, die von Frauen gegründet wurden und in zweiter Generation von Frauen geführt werden, finden sich nur selten.)
- Das Ideal eines Familienunternehmens scheint ein solches zu sein, das sich von einem Klein- oder Kleinstbetrieb spätestens ab der dritten Generation zu einem international agierenden Großunternehmen wandelt und damit schließlich das Prädikat »Mehrgenerationen-Familienunternehmen« erwirbt.

Zeitlich begrenzte Familienunternehmen – die vernachlässigte Mehrheit

Insgesamt gesehen scheinen also männlich dominierte Mehrgenerationen-Familienunternehmen mit der Perspektive auf Wachstum, Wohlstand und Erfolg im Fokus des Interesses von Wissenschaftlern, Beratern und Journalisten zu stehen und die Diskussion zu beherrschen. Die Unterordnung der Familie unter die Interessen des Betriebes wird dabei von den Autoren impliziert (vgl. a. Piorkowsky 2003 oder Simon 2002).[2]

Folgende Beispiele werden bei den vorherrschenden Beschreibungen eher als untypisch aufgefasst und fallen teilweise gänzlich durch das Diskussionsraster:

- *Kleinstbetriebe auf Zeit:* Ein Fischhändler betreibt zusammen mit seiner Ehefrau einen zeitlich begrenzt geplanten Marktstand, da sie sich entschlossen haben, in fünf Jahren nach Australien auszuwandern.
- *Von Frauen geleitete Kleinstbetriebe:* Eine allein erziehende, verwitwete Mutter von zwei Töchtern betreibt eine Modeboutique. Eine der beiden Töchter soll das Geschäft übernehmen. Diese möchte das Geschäft durch Inneneinrichtungsgegenstände ergänzen.
- *Von Homosexuellen geleitete Kleinstbetriebe:* Ein schwules Paar leitet ein Schuhgeschäft. Das Unternehmen wird als zeitlich begrenzt angese-

hen. Die Frage der Übergabe an die Nachfolgegeneration stellt sich nicht.
- *Von Migranten geleitete Familienbetriebe:* italienische, griechische, türkische, chinesische usw. Restaurants, Schneidereien u.a.
- *Kleine Handwerks- und Landwirtschaftsbetriebe in Familienbesitz:* Diese werden zwar oft als *die* ursprünglichen Familienbetriebe ansehen, sie finden aber in der aktuellen Diskussion der »großen Zahlen« wirtschaftlicher Zusammenhänge (Ökonomisierung und Globalisierung) kaum Berücksichtigung.

Während langfristig angelegten Unternehmen, die über mehrere Generationen erhalten bleiben und die von Vätern und/oder Söhnen und deren Enkeln geleitet werden, hohe beraterische Aufmerksamkeit sowie wissenschaftliches und fachjournalistisches Interesse geschenkt wird, erfahren solche Unternehmen, die von Frauen, Schwulen oder Ausländern geleitet werden und als Kleinstunternehmen zu bezeichnen wären, und vor allem diejenigen, die von vorneherein zeitlich begrenzt sind, weniger Interesse von Beratern und/oder Theoretikern.[3] Eher findet man die Berichte über solche Unternehmensformen bei Familientherapeuten unter der Rubrik »Fallbeschreibungen« in psychotherapeutischen Journalen oder Büchern.

Zwischenfazit

Wenn bis zu 50 % der Familienunternehmen nicht in die zweite Generation gehen, bedürfen diese der besonderen und vor allem einer wertschätzenden Aufmerksamkeit, um sie nicht vorschnell als wirtschaftlich wenig erfolgreich, fehlerbehaftet oder gar als pathologisch zu bezeichnen. Dabei sollten zukünftig folgende Aspekte mit in die Diskussion einfließen: Da weder damit zu rechnen ist, dass durch bessere Beratung, bessere gesetzliche Rahmenbedingungen (z.B. Zwangsberatung bei Auflösung eines Betriebes) oder Appelle an den guten Willen wesentlich mehr Familienunternehmen in die zweite Generation gehen, sollte eine Umorientierung hinsichtlich der Bewertung der betroffenen Unternehmen vorgenommen werden: Anstatt sie – gemessen am Erfolg und Anspruch von Mehrgenerationen-Familienunternehmen – implizit als gescheitert, defizitär oder suboptimal zu beurteilen, sollte eine positive Umbewertung der zeitlich begrenzten kleinen Unternehmensformen stattfinden. Viele Berater und Forscher beschäftigen sich vorrangig mit erfolgreichen Mehrgenerationen-Familienunternehmen und propagieren gleichzeitig die erfolgreiche Nachfolgeregelung als die Kernproblematik von Familienunternehmen, die auf ihre Lösung wartet. Auf diese Weise werden Eingenerationen-Familienunternehmen also unausgesprochen als minderwertig abgestempelt.

Stattdessen sollten folgende Fragen gestellt werden:

- Worin bestehen die Stärken und Vorteile von zeitlich begrenzten Familienunternehmen?
- Wie kann man diese besser sichtbar und für Außenstehende verständlich machen, und vor allem:
- Wie können Unternehmen erfolgreich beendet oder aufgelöst werden, nachdem sie zeitlich begrenzt erfolgreich geführt wurden?

Diese Fragen scheinen mir insbesondere deshalb wichtig zu sein, da man davon ausgehen kann, dass zeitlich begrenzte Familienunternehmen (also bis zu 50 % der neu entstandenen Familienunternehmen) mehr als ein Viertel des Bruttosozialprodukts erwirtschaften und man nicht davon ausgehen kann, dass in Zukunft mehr als die Hälfte der neu gegründeten Familienunternehmen in die zweite Generation gehen werden.

Exkurs über Sprache und Beschreibung

Die Auffassung, dass mit Hilfe von Beschreibungen (Sprache) die Wirklichkeit nicht abgebildet wird, sondern dass sprachliche Darstellungen Beiträge zu kommunikativen, sozialen Konstruktionsprozessen in bestimmten Zusammenhängen mit bestimmten Zielen sind, ist nicht neu. Sie wird insbesondere in sozialkonstruktionistischen und postmodernen Diskursen vertreten. Es liegt nahe, diese Auffassung zu vertreten – insbesondere wenn man Familienunternehmen als Schmelztiegel zwischenmenschlicher Bezogenheit, kommunikativer Akte und sozialer Konstruktionen ansieht. Deshalb stellt sich die Frage, welche Sprache bei Beschreibungen von Familienunternehmen benutzt wird und welchen Zwecken sie dient, und ob es andere Arten von Beschreibungen gibt, die möglicherweise auch anderen Zielen dienen können.

Vokabulare, Sprechweisen, Diskurse

Zu dieser Frage zunächst zwei Vorbemerkungen: Zum einen sind mit *Beschreibungen* nicht nur die verschriftlichten Beiträge als sprachliche »Endprodukte« in Fachjournalen oder Büchern gemeint. Vielmehr sind mit den Aktivitäten des Beschreibens sprachlich-kommunikative Akte gemeint, bei denen jeder Teilnehmer an *Beratungsgesprächen mit Familienunternehmen* oder *Zuhörer/Beobachter von Gesprächen mit Familienunternehmen* ein bestimmtes Vokabular bevorzugt. Dieses Vokabular ist sowohl von persönlichen Erfahrungen als auch von theoretischen Vorbildungen beeinflusst. Darüber hinaus sind diese Vokabulare in Sprechweisen eingebettet, die insbesondere von den Diskursen geprägt sind, denen die BeraterInnen und TheoretikerInnen angehören, und mit denen sie den fachlichen Austausch pflegen.

Wenn man zum Beispiel Familienunternehmen unter Gesichtspunkten patriarchalischer Eigentums- und Gewinnmaximierung sowie der damit verwobenen Verwandtschaftsverhältnisse diskutiert, wird auch klar, dass sich für manche »kritischen« Ohren Begriffe wie »Verwandtschaft und Besitz« wie »Blut und Boden« anhört. Oder die Unterordnung beteiligter Frauen und der Familie unter die patriarchalische Unternehmensstruktur wird gehört (wahrgenommen) als die Idee »anachronistischer Männerläden«. Für die Außenwahrnehmung der Diskurse der Selbstbeschreibung, der Erforschung und Beratung von Familienunternehmen werden sich also Anklänge, wie sie beschrieben wurden, kaum vermeiden lassen, da immer bestimmte Vokabulare und Sprechweisen bevorzugt angewendet werden und damit mehr oder weniger ausgesprochen die Zugehörigkeit zu bestimmten Diskursen vermittelt wird.

Somit stellt sich die Frage, welche Sprache – welche Vokabulare und Sprechweisen – man wählen sollte, um zu einer Transformation des »Gegenstands« beizutragen, den man beschreiben und zu dessen Wandel man beitragen will. Für unseren Zusammenhang heißt dies zu fragen, ob es andere Möglichkeiten gibt, die Unternehmensform zu beschreiben, die wir herkömmlicherweise Familienunternehmen nennen.

Augenscheinlich ist sowohl das herkömmliche familientherapeutische als auch das etablierte systemtheoretische Vokabular besonders gut geeignet, da sowohl Familien als auch Unternehmen als Systeme beschrieben werden können, denn sie scheinen sich autonom bzw. autopoietisch zu organisieren und bestimmten Regeln zu folgen und sogar relativ beobachterunabhängig[4] beschreibbar zu sein. Konkret stellt sich hier also folgende Frage: Wenn bei Beschreibungen von Familienunternehmen sowohl das Denken in Verwandtschaftsbeziehungen als auch das in systemtheoretischen Zusammenhängen nützlich ist, sind dann nicht Familientherapeuten besonders geeignet, sich in diesem Feld mit ihren beraterischen und theoretischen »Systemkompetenzen« zu betätigen?

Superexperten und Sprachphilosophie?

Wie auch immer ein Autor seine Beschreibungen wählen mag, durch seine Sprache bringt er zum Ausdruck, welchen theoretischen, wissenschaftlichen oder beratungspraktischen Sprachgemeinschaften (Diskursen) er sich zugehörig fühlt. Dies soll an einem Beispiel einer Art des Verständnisses von Expertentum verdeutlicht werden:

In einigen organisationsberaterischen Diskursen[5] spricht man von einer besonderen Form des Expertentums. Damit ist gemeint, dass ein Berater für die zu beratende Organisation als hervorragender Experte ausgestattet sein muss. Er entwickelt dank seines erworbenen Wissens, seiner Fertigkeiten und insbesondere seiner Metaperspektive ein besseres Verständnis für das Funktionieren einer Organisation, als es irgendein Mitglied dieser Organisation je könnte. Deshalb kann er – ausgerüstet mit dem besten Handwerkszeug zur Veränderung von Systemen, die einem Berater zur Verfügung stehen – Interventionen gleichsam als Harpune[6] einsetzen, um Probleme zu beseitigen oder neue Kommunikationsstrukturen herbeizuführen. Diese Interventionen werden gezielt und für die jeweiligen Zwecke dosiert eingesetzt. In diesem Sinne können sich Berater als »Superexperten« definieren.

Dass diese Beschreibung eine bestimmte Form des »expertenhaften Selbstverständnisses« verkürzt, überzeichnend und karikierend darstellt, soll der Verdeutlichung eines weiteren Punktes dienen, der mir in diesem Zusammenhang wichtig ist: Wir sind neben den beschriebenen sprachlichen Besonderheiten der Kommunikation einem Prozess unterworfen, den Ludwig Wittgenstein »Verhexung« genannt hat. Vereinfacht formuliert sind damit Denk- und Sprechweisen gemeint, die uns dazu verführen, bestimmte Zusammenhänge aus unserer Lieblingsperspektive und verzerrt zu schildern; diese Schilderungen hindern uns gleichzeitig daran, nützlichere Beschreibungsformen zu wählen.

Dass wir bestimmten »sprachlichen Verhexungen« ausgeliefert

sind, mögen die weiter unten folgenden Ausführungen metaphorisch verdeutlichen. Zunächst möchte ich jedoch auf zwei weitere Ideen Wittgensteins hinweisen, die neben der »Verhexung durch Sprache« die derzeitige Praxis der Beratung positiv beeinflussen. Diese sind:

- Sprachspiele und
- Philosophieren als therapeutische Aufgabe (Wittgenstein 1984).

Um die Argumentation verständlicher zu machen, möchte ich eine kleine humorvolle Geschichte erzählen, die mir besser als jeder philosophische Exkurs die drei von Wittgenstein vorgeschlagenen Ideen zu verdeutlichen scheint.

> Sherlock Holmes und Dr. Watson mussten einen neuen Fall lösen, der sie u.a. dazu zwang, sich ein Zelt zu kaufen und im Freien zu kampieren. Mitten in der Nacht wacht Holmes auf, weckt Watson sofort und stellt ihm eine Frage: »Watson, wenn du dir den Himmel und seine Sterne so anschaust, was schließt du daraus?« Nach einer Weile des Nachdenkens antwortet Watson: »Wenn ich mir den Himmel so anschaue, die klaren Sterne sehe und ihre Beziehungen, dann schließe ich, dass es gewisse Gesetzmäßigkeiten bei der Konstellationen der Gestirne geben muss! Dies wiederum heißt, dass es mindestens einen weiteren Planeten geben muss, auf dem sich Lebewesen befinden.« Darauf entgegnet Holmes: »Mag sein – aber man hat uns das Zelt geklaut!«

Man kann diese kleine Geschichte in der Weise verstehen, dass sich Watson und Holmes in einem (kommunikativen) *Sprachspiel* befinden: Holmes macht eine Beobachtung, teilt sie Watson mit, bittet ihn um eine Schlussfolgerung, Watson folgt seiner Aufforderung usw.

Watson ist *verhext* durch die Art seiner *inneren Dialoge*[7] (Voreingenommenheiten): Er nimmt an, dass Holmes von ihm die übliche kriminalistische Kombination aus Tatsachen und Schlussfolgerungen zur Lösung eines Falles erwartet, das heißt, er stellt seine eigene »Denkweise« nicht in Frage und geht davon aus, dass im Rahmen der etablierten Beziehung zwischen ihm und Holmes das übliche kriminalistische Sprachspiel gilt. Dies erweist sich aber im Kontext der Situation als fehlgeleitete Annahme, die man als »Verhexung durch Sprache« verstehen kann, da sie die nahe liegende Erkenntnis »Das Zelt ist verschwunden, deshalb sehe ich den Himmel mit seinen Sternen.« (zeitweise) verhindert.

Was Wittgenstein nun als die therapeutische Aufgabe der Philosophie ansieht, nämlich das Naheliegende, das dem Beobachter vor Augen liegt, er aber nicht erkennt, wird in der Geschichte durch die Reaktion von Sherlock Holmes auf die Antwort von Dr. Watson offensichtlich. Wittgenstein sagt dazu, Philosophie solle so wirken, dass sie – im Bild gesprochen – der Fliege in der Flasche den Ausweg durch den Flaschenhals weise.

Mit meinen Worten: Philosophische, therapeutische oder beratende Gespräche sollen dazu verhelfen, die Sprachspiele, die bestimmte Zusammenhänge unverständlich machen, durch bestimmte Fragen, Metaphern usw. *aufzulösen* bzw. zu *dekonstruieren* (s.u.).

Ein Hinweis ist mir jedoch wichtig: Das, was durch die Geschichte von Holmes und Watson und möglicherweise die Gedankengänge von Wittgenstein suggeriert werden könnte, ist Folgendes: Wenn man bei *sprachlicher Verhexung* zwar den Sternenhimmel zu sehen vermag, aber die Tatsache nicht erkennt, dass das Zelt abhanden gekommen ist, könnte man daraus schließen, dass sprachliche Verhexung das Erkennen der *einen objektiven Wirklichkeit* verhindere. Mit Dekonstruktion, so wie ich sie weiter unten vorschlage, ist jedoch gemeint, dass mehrere neue Beschreibungsmöglichkeiten – einschließlich derer, die bisher nicht gedacht oder besprochen wurden – eröffnet werden können. Die in der Geschichte von Holmes suggerierte Beschreibung »Man hat uns das Zelt geklaut.« ist also nur eine von vielen. Man könnte als Geschichtenerzähler auch behaupten, man habe die Geschichte nur unvollständig erzählt und so ihrem Verlauf eine neue Wendung gegeben.

So weit, so gut? Sicher stellt sich die eine Leserin oder der andere Leser die Frage, was diese Überlegungen mit der Beschreibung von Familienunternehmen zu tun haben. Ich könnte es mir einfach machen und darauf verweisen, was im Abschnitt über »typische Familienunternehmen« ausgeführt wurde, dass im Sinne Wittgensteins die Zusammenhänge klar auf der Hand liegen und die Kernaussagen nun kein Geheimnis mehr sind. Zur Verdeutlichung möchte ich hier aber noch einmal ein paar Beispiele wiederholen: Man kann leicht der sprachlichen Verhexung erliegen, ein Familienunternehmen habe nur dann sein Qualitätsprädikat als Familienunternehmen verdient, wenn es unter der Mehrgenerationen-Perspektive beschreibbar sei. Das heißt, das Unternehmen gilt nur dann als Familienunternehmen, wenn es über mehrere Generationen im Besitz oder unter der Führung einer Familie war, die den gleichen Namen trägt. Damit würden möglicherweise verwandtschaftsdeterminierten Kriterien Genüge getan, es gehen aber einige wichtige Aspekte verloren, die entscheidend beim Verständnis eines solchen Unternehmens sein können. So könnten zeitlich begrenzte Unternehmen, die von zwei Eheleuten unter Einbezug ihrer Verwandtschaft geführt werden – sei es eine Pizzeria oder eine Arztpraxis – gar nicht als Familienunternehmen anerkannt werden, da sie mit der Berufsaufgabe des leitenden Familienmitglieds enden. Oder als was soll man den o.g. Schuhladen betrachten, der von zwei homosexuellen Männern geleitet wird? Wo bleibt die Möglichkeit, das Geschäft an die nächste Generation weiterzugeben, wenn keine eigenen Kinder da sind – soll man es den Kindern der Schwester oder des Bruders übereignen, nur damit die Verwandtschafts- oder Mehrgenerationenperspektive gewahrt bleibt?

Zwischenfazit

Die Diskurse, denen man angehört, bestimmen also im Wesentlichen, welche Sprechweisen und Vokabulare man bevorzugt, und damit die Beratungsmöglichkeiten, die sich eröffnen. Sprachliche Verhexungen und Voreingenommenheiten bestimmen Inhalte und Formen solcher inneren und äußeren Dialoge, die uns in die Irre leiten oder Auswege suchen lassen, die uns verschlossen bleiben. Wenn man bestimmte Verhexungen dekonstruieren, auflösen oder umgehen will, braucht man alternative Sprachspiele, die sozusagen therapeutischen Charakter haben und einem den Ausweg aus dem Labyrinth zeigen.

In den folgenden Abschnitten werden eine Sprache und ein Vokabular vorgeschlagen, die beanspruchen, andere Beratungsmöglichkeiten zu eröffnen.

Eröffnung ungenutzter Möglichkeiten durch eine neue Sprache?

Für Beratungsaufträge, insbesondere die Reflexion der Probleme und Geschichte von Familienunternehmen, die Darstellung ihrer aktuellen Situation und die Abwägung ihrer Zukunftsmöglichkeiten, sind meist spezifische Verständniszusammenhänge notwendig, die sich insbesondere im Bereich der *Beziehungsgestaltung* bewegen. Wie ich zu zeigen versucht habe, stellen sich oft ganz einzigartige Fragen, die nicht unbedingt »typisch« im Sinne der im Kapitel »Typische Familienunternehmen« (S. 20ff.) aufgezählten Schwerpunkte sind.

Trotzdem kann man fragen, ob es sich bei den oben genannten Gedankengängen um abwegige Überlegungen handelt oder gar den Versuch, gegebene materielle und soziale Tatsachen zu leugnen. Muss man nicht bestimmte Gegebenheiten anerkennen, um als Berater erfolgreich zu arbeiten? Oder eröffnen sprachsensitive oder -kritische Dekonstruktionen der Sprech- und Beschreibungsweisen andere Möglichkeiten für das gemeinsam entwickelte Verständnis, die partizipatorische Erforschung und insbesondere die Beratung in und mit Familienunternehmen?

Bevor eine Beratung überhaupt stattfinden kann, sollten sowohl Berater als auch Auftraggeber kritisch folgende vier Kriterien beachten, die einen Qualitätsstandard für BeraterInnen von Familienunternehmen und damit für die Beratung bei spezifischen Problemen der Beziehungsgestaltung innerhalb von Familie und Unternehmen sowie der Besitzverhältnisse definieren:

1. *Persönliche Haltung*

Sind die Berater bereit, alle gegebenen Sprech- und Beschreibungsweisen anzuerkennen? Das heißt, sind sie offen für die Anerkennung der Selbstbeschreibungen der am Beratungsprozess beteiligten Personen und deren Beziehungen?

2. *Wirtschaftliche Unabhängigkeit*

Sind sie unabhängig und erfahren genug, ihren sprachsensitiven oder -kritischen Verstand und ihre Ethik aufrecht zu erhalten und nicht in Erwartung ihres Honorars an der Garderobe der zu beratenden Firmen abzugeben?

3. *Kenntnisse und Fertigkeiten in spezifischen Fachgebieten*

Betriebswirtschaftliche, steuerrechtliche, juristische, soziologische, medizinische und psychologische Fertigkeiten und Kenntnisse können den Beratungsprozess unterstützen, sollten aber – soweit für den Beratungsprozess nötig – durch Hinzuziehen entsprechender Experten delegiert werden. Dabei sollte die Anerkennung des fachspezifischen Expertentums der Mitglieder des Familienunternehmens durch die Berater nicht vernachlässigt werden (s.u.).

4. *Prozessexpertentum: Kenntnisse und Fertigkeiten in Beratungs- und/ oder Therapieverfahren*
Hat ein Berater eine Ausbildung in mindestens einem Beratungs- oder Therapieverfahren vorzuweisen? Sind ihm Therapie- oder Beratungshaltungen wie z.b. Neutralität oder Allparteilichkeit sowie Ethik und relationale Verantwortung keine Fremdworte?

In den folgenden Abschnitten werde ich zu zeigen versuchen, dass das, was man das *Vokabular postmoderner Diskurse* nennen könnte, dabei helfen kann, alternative Beratungsmöglichkeiten zu eröffnen. In Übereinstimmung mit dieser Auffassung ist dabei die Annahme zentral, dass sich durch Kommunikation, insbesondere im Miteinander-Sprechen soziale Wirklichkeiten und damit auch die Wirklichkeiten von Familienunternehmen konstruieren lassen.

Familienunternehmen als Geburtsstätte ständigen Wandels

Aber zunächst die Frage: »Was heißt ›postmodern‹«?

Als ich das erste Mal das Wort »postmodern« hörte, habe ich mich selbst und andere gefragt, was dieses Wort bedeuten solle; ich stand dem Begriff misstrauisch gegenüber, da er mir eher verwirrend, denn als sinnvoll oder hilfreich vorkam.

Zunächst habe ich keine befriedigenden Antworten erhalten und wurde von einem Experten zum anderen verwiesen. Mit den beiden folgenden Antworten wurde ich in verschiedenen Variationen konfrontiert:

»... es muss etwas sein, das nach dem kommt, was modern ist; aber das macht eigentlich keinen Sinn, da das Moderne immer der letzte Stand der Entwicklung ist. Irgendwie ist der Begriff postmodern unsinnig.«

Im Einklang mit solchen Überlegungen las ich soziologische Auseinandersetzungen, die zunächst das Eigenschaftswort »postmodern« wandelten und in ein Substantiv überführten, z.B. von der »Moderne zur Postmoderne«. Anschließend wurde der Begriff »Postmoderne« verworfen und dann ersetzt durch Begriffe wie die »Spätmoderne«, die »Zweite Moderne«. So schien sich anzudeuten, dass damit ein Zeitalter der Menschheitsentwicklung gemeint zu sein schien.

Erst bei Lyotard, einem vor ein paar Jahren verstorbenen französischen Philosophen, der diesen Begriff in die Philosophie eingeführt hat, fand ich eine zufrieden stellende Antwort. Er macht deutlich, worum es ihm bei dem Begriff *postmodern* geht. Er sagt in seinem Buch »Postmoderne für Kinder« (1987):

»Ein Werk ist nur modern, wenn es zuvor postmodern war. So gesehen bedeutet der Postmodernismus nicht das Ende des Modernismus, sondern dessen Geburt, dessen permanente Geburt.«

Was heißt das? Wie kann man das verstehen? In den beiden folgenden Absätzen versuche ich zu erklären, wie man den Begriff verstehen kann:

1. Alles was alt ist, muss vorher jung gewesen sein. Das würde heißen, dass das, was postmodern ist, jung ist und das, was gerade modern ist, älter ist als das, was postmodern ist ...
2. Mithin sind Nachkommen jünger als ihre Eltern. Das würde im übertragenen Sinne heißen, Eltern sind *modern*, Kinder sind *postmodern*. Wenn die Kinder Eltern geworden sind und damit modern, müssen sie vorher postmodern gewesen sein und ihre eigenen Kinder wiederum sind jetzt postmodern (diejenigen, die heute Nachkommen sind, werden später selbst Eltern).

Für unseren Diskussionszusammenhang kann man also schließen, dass es zwar möglich ist, von der *Postmoderne* zu sprechen und sie als eine Entwicklungsphase der Menschheitsgeschichte aufzufassen. Viel nützlicher ist es aber, *postmodern* im Sinne einer *relationalen Prozessbezeichnung* zu definieren; das heißt, der Begriff »postmodern« bezieht sich immer auf den Begriff »modern« – er bringt das hervor, was modern wird. Damit ist der Begriff postmodern keine lineare Bezeichnung der Abfolge von Perioden menschlicher Zeitalter, sondern eine *erkenntnistheoretische Position*, die auch Lyotards Auffassung gerecht wird. Damit nähern wir uns der Idee, *postmoderne Orientierungen* als solche zu begreifen, die sich selbst im ständigen Wandel befinden und damit *transformativ und selbstreflexiv* sind (vgl. Shawver 2005).

Wenn man diese Ideen ernst nimmt, gipfeln sie in folgender Aussage: In dem Maße, in dem man *Stimmenvielfalt* zulässt, die sich in *vielfältigen Beschreibungen* ausdrückt, können diese einander auch widersprechen. Für soziale Konstruktionsprozesse ist es somit nützlicher, die Auffassung zu vertreten, dass sich diese multiplen Beschreibungen als *offene Vielfalt* ergänzen, anstatt sie im Kampf darum zu verstehen, zu einer endgültigen Beschreibung zu führen und sich zu einer einzigen und festen Wahrheit zu vereinigen oder sich ihr anzunähern.

In Überstimmung mit diesen Ideen geht es dann weniger darum, sich *unisono* auf *die eine* gemeinsame (konsensuelle, homophone) Beschreibung zu einigen oder zu ihr zu konvertieren und ihr »Wahrheitscharakter« zuzuschreiben. Vielmehr sollte die Vielfalt der Beschreibungen – einschließlich solcher wenigen Beschreibungen, auf die man sich als »allgemeingültig« einigen kann – in für alle Beteiligten nützlichen Formen koordiniert werden. Diese Idee der *Koordination vielfältiger Beschreibungen* wird weiter unten noch diskutiert und für praktische Beratungsprozesse reflektiert.

Kurz gesagt sind also Ideen postmodern, die soziale Konstruktionsprozesse beschreiben, die sich durch *Koordination von Vielfalt* und *Selbstreflexion in Transformation* auszeichnen.

Verständlicherweise sind diese Ausführungen nicht leicht nachzuvollziehen und können bei der einen Leserin oder dem anderen Leser Misstrauen oder Kopfschütteln hervorrufen (siehe oben, die Beschreibung meines eigenes Misstrauens). Nicht zuletzt um diesem Misstrauen zu begegnen, möchte ich eine möglicherweise kühn erscheinende Frage stellen:

Wie könnte ein postmodernes Familienunternehmen aussehen?

Die Antwort erscheint mir relativ einfach: Die Beteiligten dieses Unternehmens sind sich des ständigen Wandels der (Arbeits-)Beziehungen bewusst und richten Foren ein, in denen dieser Wandel reflektiert und vollzogen werden kann. Dies betrifft die Bereiche Familie, Eigentum und Unternehmen sowie deren Überschneidungen. So entsteht ein selbstreflexiver organisatorischer Wandel, der den internen und externen Anforderungen gerecht werden kann. Dabei werden organisatorische Foren bevorzugt, in denen Stimmenvielfalt koordiniert und in ihrer Kreativität gefördert wird. Der Leitung obliegt es, zur Koordination dieser Prozesse und zu ihrer erfolgreichen und wirtschaftlichen Gestaltung beizutragen.

Wirtschaftliche Lage und Lang- oder Kurzlebigkeit von Projektbereichen und des gesamten Familienunternehmens sind kein Tabu: Sie werden offen von der Leitung und den Mitarbeitern reflektiert. Insgesamt gesehen kann man sagen, dass sich ein solches Familienunternehmen *wertschätzend organisiert*. Solche Unternehmen und ihre Organisationsprinzipien werden in Deissler/Gergen (2004) beschrieben.

Koordination von Ethiken

Wie im letzten Abschnitt bereits deutlich wurde, sind multiple Beschreibungen eher erwünscht und werden als Voraussetzung für die Vitalität von Unternehmen betrachtet (Deissler/Gergen 2004). Aber genau diese Vielfalt stellt einen ernst zu nehmenden Kritikpunkt dar. Er verknüpft die Toleranz und Förderung vielstimmiger Beschreibungen mit der Annahme der Beliebigkeit: Jeder könne nach seinem Geschmack, seiner Laune, dem eigenen Wohlgefallen oder aus Gefälligkeit für andere seine Beschreibungen konstruieren und verändern. Tatsächlich kann man bestätigen, dass Beschreibungen konstruierenden Charakter haben. Somit wären z.B. die Ideen des radikalen Konstruktivismus, des sozialen Konstruktionismus und der sozialen Poesie, die sich unter dem Dach postmoderner Orientierungen zusammenfassen lassen, als anfällig für Beliebigkeit zu kritisieren: Man denkt sich das aus, was einem gerade in den Kram passt, tut nur das, was gefällt, feiert sowohl den individuellen Geschmack als auch den sozialen Hedonismus und fasst das Ganze unter dem Begriff »postmoderne Ästhetik« zusammen. An die Stelle weniger »richtiger« und an »Objektivität« und *einer* »allgemein gültigen Wahrheit« orientierten Beschreibungen, welche die Wirklichkeit möglichst genau beschreiben, treten individuelle und willkürliche Konstruktionen, die einer sozial-berauschten Seligkeit gezollt sind. Denn was sollte die singuläre Orientierung an Objektivität und Wahrheit ersetzen – eine Wissenschaft ohne Fundamente, eine Ethik ohne Gewissheit, eine soziale Ordnung ohne Konsens – nur vorläufige wissenschaftliche Annahmen, Ethiken, in denen das Gute und das Schlechte vermischt werden und soziales Chaos, in dem der Dissens regiert?

Wie bereits ausgeführt, haben postmoderne Orientierungen nicht den Anspruch, endgültige Antworten auf solche Fragen zu geben. Platt gesprochen, geht die Sicherheit von Antworten mit der Ambition, allein selig zu machen, verloren – und das einzige, das sicher ist, bleibt die Unsicherheit.[8]

Je deutlicher diese Unsicherheiten werden und je mehr uns diese Probleme bewegen, umso wichtiger werden paradoxerweise ethische Fragestellungen. Je mehr multiple Beschreibungen nebeneinander Bestand haben und toleriert werden, desto mehr Regeln muss es dafür geben, wie wir mit der Vielfalt umgehen sollen, wie wir sie koordinieren können und welche Wertigkeiten wichtig sein sollen.

Das Anhören multipler und damit auch verschiedener Beschreibungen kann selbst bereits als Ausdruck eine berufsspezifischen ethischen Haltung betrachtet werden, die das Nebeneinander und Miteinander von Meinungen und Sichtweisen achtet. Heutzutage werden viele Berater und Therapeuten eine solche Haltung für wichtig erachten.

Das, was in verschiedenen Berufsgruppen als ethisch akzeptiert wird, erhält also ein besonderes Gewicht. Man kann kurz gefasst sagen, dass jede Gruppe, jede Familie und jedes Unternehmen jeweils eigene Ethiken konstruiert – so kann eine Metzgerei nicht dieselbe ethische Haltung von seinen Mitarbeitern fordern wie die chirurgische Abteilung eines Krankenhauses und diese wiederum nicht die der Familie des Inhabers eines Maklerbüros.

Zwischenfazit

Was also an die Stelle so genannter an Objektivität und Wahrheit orientierte ethische Beschreibungen tritt, sind *sozial konstruierte, lokale Ethiken*, die sich mehr oder weniger im Einklang mit den Erfordernissen und Lebensweisen der Gruppe befinden, die sie hervorbringen. Diese sozial konstruierten Ethiken bestimmen beispielsweise, was innerhalb einer Gruppe – z.B. eines Familienbetriebes – erwünscht und erlaubt und was geächtet oder verboten ist (vgl. auch Deissler 2005). So stellt sich z.B. die Frage, wie sich die Tradition eines landwirtschaftlichen Betriebes, der Schlachtereien beliefert, mit der ethischen Haltung der zukünftigen Schwiegertochter verträgt, die Vegetarierin ist.

Diese polyphonen Ethiken wiederum müssen miteinander koordiniert werden, wenn Konflikte vermieden oder erfolgreich aufgelöst werden sollen. Wenn z.B. in einem Unternehmen bei der Herstellung bestimmter Produkte giftige Gase entweichen, sieht die lokale Ethik des Betriebes vor, die eigenen Arbeitnehmer vor diesen Gasen zu schützen. Würde dieses Unternehmen jetzt ohne Rücksicht auf die Anwohner die giftigen Gase aus der Firma in die Umwelt blasen, könnte dies Konflikte auslösen, in denen Bürgerinitiativen gegen das Unternehmen aktiv werden, da die Gesundheit der Anwohner und damit ihre Ethik nicht berücksichtigt wurde (vgl. Deissler/Gergen 2004).

Die Frage der Koordination von Ethiken betrifft also insbesondere den Beratungsprozess: Multiple Beschreibungen, die oft aus unterschiedlichen ethischen Haltungen resultieren, müssen möglich sein. Nicht die eine Ethik muss sich gegen die andere durchsetzen, sondern die Frage der Koordination unterschiedlicher Ethiken gilt es zu lösen.

Geteiltes Expertentum: gemeinsames Lernen

In den aktuellen Diskursen von Beratung und Therapie von Einzelklienten bis hin zur Beratung großer wirtschaftlicher Unternehmen und gesellschaftlicher Institutionen trifft man auf verschiedene Kontroversen. Eine dieser Kontroversen bezieht sich auf die Haltung von Beratern: Dem so genannten Expertentum oder gar »Superexpertentum«, das seine erworbenen Kompetenzen und sein angesammeltes Wissen in die Beratungssituation einbringt, steht die Haltung des »Nicht-Wissens« oder des »Nicht-Expertentums« gegenüber (Anderson 1999). Ohne die Argumente und Gegenargumente hier ausführlich diskutieren zu wollen,[9] möchte ich ein paar einfache Fragen stellen, die dabei helfen können, für den jeweiligen Beratungsauftrag nützliche Aussagen zu machen:

- *Geschichte des Gesprächs*
Wie ist es zu dem Gespräch gekommen? Wer hatte die Idee für das Gespräch? Wie kam es zu dem Auftrag für das Gespräch? Wer hat aus welchem Grund zu dem Gespräch eingeladen?

- *Beteiligte am Auftragssystem*
Welche Personen sind an der gegebenen Auftragsstellung (Auftrag, Thema, Fragestellung, Problem usw.) beteiligt, und in welchem Maße sind sie dabei engagiert? Gab es besondere Initiatoren für den Auftrag? Fehlt jemand, ist noch jemand wichtig, der nicht anwesend ist?

- *Zielvorgaben*
Welche Ziele, die der Anlass der jeweiligen Zusammenkunft sind, werden von den beteiligten Personen definiert? Welche Möglichkeiten sollen für die Zukunft eröffnet werden? Gibt es besondere Wünsche für das Gespräch?

- *Gesprächsformen, die einen Unterschied machen*
  (transformative Gesprächsformen i.e.S.)
Wie sollen die Gespräche organisiert werden, um die definierten Ziele zu erreichen? Gibt es bereits positive Erfahrungen mit bestimmten Gesprächsformen? (Dabei erscheinen uns solche Gesprächsformen nützlich, die einen Unterschied zu bisherigen machen. Z.B. stellt die Idee der gleichberechtigten Vielstimmigkeit häufig bereits einen Unterschied zu bisherigen Gesprächsformen dar.)

- *Gesprächsformen, in denen die erreichten Ziele verbindlich, nachhaltig und verantwortlich in Beziehungen umgesetzt und realisiert werden*
Wie werden üblicherweise Verbindlichkeit und Nachhaltigkeit sichergestellt? Was ist davon zu übernehmen? Welche zusätzlichen Verabredungen sind nötig? Wann soll das Erreichte bewertet werden (vgl. Deissler/Kose 2004: 66)?

Wie aus diesen Fragen deutlich wird, stehen der Beratungsprozess, seine Form und sein Inhalt sowie die gewünschten Ziele im Vordergrund. Der Berater selbst steht weniger im Zentrum – ihm wird eher eine dem Prozess »dienende Rolle« zugewiesen. Wissen, Kenntnisse und Fertigkeiten des Beraters stehen im »Dienste« der Förderung des Beratungsprozesses. Während der Berater also eher als ein *Experte, der dem Prozess dient*, angesehen werden sollte, macht die auftraggebende Instanz die inhaltlichen Vorgaben, da sie das *inhaltliche Expertentum* vertritt. Das heißt, die Auftraggeber bestimmen, welche Themenbereiche während der Beratung abgedeckt werden sollen.

Wenn z.B. der Leiter einer Softwarefirma den Auftrag gibt, sein Unternehmen bezüglich bestimmter Konflikte zu beraten, die im Bereich der Koordination zwischen seiner Familie und seinem Engagement als Firmenchef liegen, wird er deshalb sein Expertentum als Computerfachmann nicht in Frage stellen und dieses von der Beraterseite auch nicht erwarten.

Andererseits wird er erwarten, dass der Berater ihm Vorschläge macht, *wie* der Beratungsprozess ablaufen kann. Beide Seiten werden sich also bezüglich Form und Inhalt des Beratungsprozesses einigen und demgemäß ihr spezifisches Expertentum in die beabsichtigte Zusammenarbeit einbringen. So versuchen sie, eine gemeinsame Lernerfahrung in der Weise zu konstruieren, dass die gewünschten Ziele gemeinsam erreicht werden können.

Zwischenfazit

Wenn man so will, verlangt die Ethik seitens der Berater, zu einer guten Form der Zusammenarbeit einzuladen und dazu beizutragen, dass eine gute Atmosphäre entsteht, die es beiden – sowohl Auftraggebern als auch Beratern – ermöglichen soll, in einen *gemeinsamen Lernprozess* einzutreten, um damit dem Erreichen der vereinbarten Ziele zu dienen. Eine *lernende Haltung* seitens der Berater kann eher zu solchen Prozessen beitragen, als eine »expertenhafte« Haltung, die den Berater als

»(Besser-)Wissenden« oder »metaperspektivisch Belehrenden« ausweist.

Für Berater sind also eher *Kollaborationsethiken* gefragt, *die konstruktive Formen der Zusammenarbeit und gemeinsames Lernen fördern*.[10] Dabei entsteht eine Form der Zusammenarbeit, in der Berater und zu Beratende sich auf gleicher Ebene begegnen und gemeinsam eine Atmosphäre herstellen, in der beide Seiten ihr jeweiliges Expertentum einbringen können. Dieses *geteilte Expertentum* fördert Zusammenarbeit und Kreativität im Sinne des gemeinsamen Lernens und der Zielsetzungen der Auftraggeber.

Dekonstruieren statt Analysieren

Was folgt aus diesen Überlegungen, wenn man sie auf die Ethik eines Beratungsteams überträgt? Kurz gefasst könnte man sagen, dass vielfache Beschreibungen – »Vielstimmigkeit« also – nicht nur erlaubt, sondern erwünscht sind. Analyseinstrumente, die darauf abzielen, »*eine bestimmte Wahrheit hinter den Dingen*« herauszufinden oder solche Beschreibungen zu entwickeln, die diesen »Dingen zugrunde liegen« und/oder die sich an bestimmte Theorien anlehnen, würde unabhängig von demjenigen, der sie anwendet, dasselbe Ergebnis hervorbringen.[11] Alternativ dazu werden Verfahren, die zu Dekonstruktionen einladen, sozial-dominante Sprech- oder Sichtweisen und damit *vorher noch nicht formulierte Beschreibungen* hervorbringen.

Dekonstruieren wird also im Sinne der Ergänzung und Erzeugung neuer Sichtweisen und Bedeutungen und damit der Überwindung dominanter Formen der *Analyse* verstanden, die zugrunde liegende »objektive Tatschen und Wahrheiten« herauszuschälen suchen. Durch den Prozess des Dekonstruierens sollen neue, multiple Verstehensweisen ermöglicht werden, die bisher noch nicht zur Sprache gebracht wurden und die wiederum neue Handlungsmöglichkeiten eröffnen. Dies muss im Kontext von Beziehungen geschehen, die relationalen Formen der Verantwortung (vgl. McNamee/Gergen 1999) gerecht werden sollten. Das heißt, durch relationale Verantwortung oder Achtsamkeit für die Auswirkungen des eigenen Verhaltens und gemeinsamer Handlungen auf Beziehungen werden hilfreiche Reflexionsprozesse initiiert und aufrechterhalten (Derrida 1985; Deissler 2001).

Als Beispiel kann eine Konfliktkonstellation aus einem Familienunternehmen[12] dienen, in dem der »alte Patriarch« (73) nicht von seiner Führungsposition in der Firma »loslassen« möchte. Der jüngste von drei Söhnen (44) sieht sich als Nachfolger ständigen Konflikten mit seinem Vater ausgesetzt. Ein Genogramm als Analyseinstrument könnte verwandtschaftsgenetische Zusammenhänge sichtbar machen, z.B. dass der Vater einen Bruder hatte, der vor 20 Jahren bei einem Unfall gestorben ist. Eine diesbezügliche Befragung des Vaters bringt zutage, dass sich der Vater an dem Tod des Bruders schuldig fühlt: Beide verband eine Leidenschaft zum Segeln, und der Bruder kam bei einem gemeinsamen Segeltörn ums Leben.

Zudem wird durch eine Dekonstruktion mit Hilfe eines Familiengesprächs, an dem neben Vater und Sohn auch deren Ehefrauen beteiligt sind, deutlich, dass der Vater Angst vor seiner Zukunft als Pensionär hat. Er sagt in diesem Zusammenhang: »Aller Funktionen entkleidet bin ich nichts mehr wert; ich kann dann heute schon mein Begräbnis planen und eine Beerdigungsversicherung abschließen ...«

Eine wichtige Frage lautet an dieser Stelle: Welchen Erkenntnisgewinn erbringt das Analyseinstrument, welchen Erkenntnisgewinn erbringen an Dekonstruktionen orientierte Beratungen und Dialoge für die Konfliktsituation zwischen Vater und Sohn? Ist eine Kombination aus beiden sinnvoll?

Zwischenfazit

Während *analytisch orientierte Verfahren* also einen Erkenntnisgewinn erzielen möchten, der objektiv, wahrheitsgemäß und beobachterunabhängig sein soll, geht es bei *dekonstruierenden Verfahren* um zusätzliche, neuartige Beschreibungen, deren Qualität sich vor allem hinsichtlich der Nützlichkeit für die formulierten Ziele innerhalb der Beratung erweisen sollte.

Systeme, Diskurse, Gesprächsformen

Bevor ich mich dem Aspekt der »Problem-Auflösung« bzw. »sprachlichen Dekonstruktion« für den hier geforderten Zusammenhang widme, möchte ich noch einmal kurz auf die Idee der Diskurse eingehen. Der Begriff »Familienunternehmen« legt nahe, dass es sich dabei um ein (kleines) Wirtschaftsunternehmen handelt, in dem wichtige Mitglieder einer Familie arbeiten und das von einem oder mehreren Familienmitgliedern geleitet wird bzw. das sich zum Teil oder gänzlich in ihrem Besitz befindet. Die zentralen Verknüpfungen von Familie und Unternehmen bestehen also in der Art der Tätigkeit, die die Familienmitglieder in der jeweiligen Firma ausüben bzw. in ihrem finanziellen Engagement in dieser Firma. Demzufolge könnte man wie folgt argumentieren:

In einem Familienunternehmen finden verschiedene Arten von Sprachspielen, Diskursen oder Gesprächsformen[13] statt, die sich jeweils schwerpunktmäßig um bestimmte Themen herum organisieren, u.a.:

- *Familie als Verwandtschaftssystem*, das sich insbesondere um folgende Themen herum organisiert: Liebe und Sexualität, Geburt, Kindererziehung und -beschulung, Gesundheit, Krankheit und Tod usw.
- *Wirtschaftliches Unternehmen* (unter Beteiligung von Familienmitgliedern), das sich insbesondere um folgende Themen herum organisiert: Anteil der Beschäftigung im Unternehmens, Anteil externer Mitarbeiter, Produktlinie bzw. Dienstleistungsspektrum des Unternehmens, Organisation und Management, Leistung und Versagen, existenzielles Überleben der Firma usw.
- *Besitzverhältnisse des Unternehmens* (unter Beteiligung von Familienmitgliedern), die sich insbesondere um folgende Themen herum organisieren: Steuerrechtliche und wirtschaftliche Organisationsform des Unternehmens, Anteile von Familienmitgliedern und Außenstehenden am Firmenbesitz, Höhe der Kapitaleinlagen und -entnahmen, Höhe der Verschuldung, Höhe des Umsatzes und des Gewinns usw.
- *Verknüpfungen (Überschneidungen) zwischen den drei Systemen*, die sich insbesondere um folgende Themen herum organisieren: Engagement des Vaters bei der Erziehung der Kinder und Verantwortung als Firmenchef für die Angestellten; Engagement der Mutter in Familie und Betrieb bzw. Verantwortung als Mitarbeiterin; Auswirkungen von beidem auf die Beziehung zwischen Mutter und Vater und der Eltern auf die Kinder; Regelung der Nachfolgefrage – z.B. soll der Sohn oder die Tochter die Firmenleitung übernehmen, wie sollen die Besitzverhältnisse dann aussehen? Usw.

Es erscheint verständlich im Sinne des Bemühens um Komplexitätsreduktion, dass man in abstrakter Weise von »struktureller Kopplung verschiedener Systeme« sprechen kann (vgl. auch Wimmer/Groth/Simon 2004: 4; die in Skizze I dargestellten Zusammenhänge findet man auch in anderen Veröffentlichungen, z.B. Baus 2003 oder Wiechers 2004).

Abbildung 1: Familienunternehmen

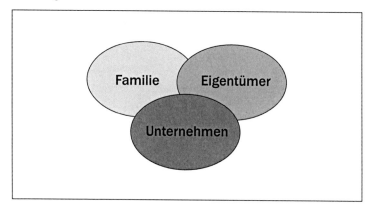

Bereits bei dieser kurzen Aufzählung wird deutlich, dass es sich dabei um eine Vereinfachung wesentlich komplexerer Zusammenhänge handelt, bei denen eine Vielzahl von Personen engagiert ist, die nicht direkt zur Familie gehören.

- *Kontextuelle Bedingungen:* Auch am Beispiel kleiner Familienbetriebe wie einer Bäckerei, in dem der Bäcker zusammen mit seiner Ehefrau das gemeinsame Geschäft leitet, wird deutlich, dass bestimmte Tätigkeiten wie Buchhaltung, Steuererklärung oder Verkauf der Backware sowie Unterricht und Betreuung der Kinder nicht einzig und allein durch diese beiden Personen erbracht werden können. Es wird immer eine Vielzahl von Tätigkeiten geben, bei der der Betrieb bzw. die Familie auf Fremdleistungen angewiesen ist.[14] Spätestens wenn man die Funktion von Banken als Kreditgeber einbezieht, wird deutlich, dass kontextuelle Bedingungen für Familienunternehmen existenziell wichtig sind.

Somit tritt klar zutage, dass die Reduktion der komplexen Zusammenhänge auf das Verwandtschaftssystem Familie die Wirkung einer Verhexung im Sinne Wittgensteins hätte. Deshalb ist es notwendig, den offensichtlich komplexen Zusammenhängen zwischen verschiedenen Teilsystemen – Familie, Unternehmen, Besitz, Umwelt und deren Überschneidungen – gerecht zu werden. Dies kann man m.E. am besten, wenn man den aktuellen Stand der Diskussion um »Problemsysteme«, »linguistische Systeme« (Anderson/Goolishian 1990), »Diskurse« und »Gesprächsformen« (Deissler 2000) berücksichtigt.

Um weiter zu verdeutlichen, was gemeint ist, sollte man sich zunächst eine berühmt gewordene These Goolishians näher anschauen. Sie war ursprünglich für therapeutische Zusammenhänge formuliert und lautet: »... ein Problem ist ein Problem, sobald es als Problem benannt wird ...« (Goolishian 1990). Dieser Satz besagt verallgemeinert, dass »Themen« erst dadurch, dass sie zum »Gesprächsgegenstand« werden, die *soziale Arena* betreten und damit sozial relevant werden. Das heißt, erst durch Kommunikation erhalten gesprochene Sätze ihre soziale Bedeutung – erst durch Kommunikation werden sie zum Bestandteil sozialer Konstruktionsprozesse. Dies mag zwar trivial erscheinen, hat aber wichtige praktisch-soziale Konsequenzen, wie ein kleines Beispiel zeigen kann. Die Frage, »Welche Organisationsform wollen wir unserem Unternehmen geben?« ist aus dem kommunikativen Zusammenhang gerissen höchstens für die Person relevant, die sie sich ausdenkt; sozial bleibt sie jedoch irrelevant. Sobald diese Frage aber von einem zukünftigen Geschäftspartner an seine Partnerin gerichtet wird und ein beratender Notar anwesend ist, erhält sie Vorschlagscharakter für ein Thema: die Gestaltung einer sozial-relevanten geschäftlichen Beziehung.

Wenn man also Goolishians These umformuliert und erweitert, wird sie für den hier gegebenen Diskussionszusammenhang bedeutungsvoll: *Probleme/Lösungen werden kommunikativ erzeugt; an diesem Prozess sind all diejenigen beteiligt, die diesbezüglich miteinander kommunizieren.* Das heißt, all diejenigen gehören zum »System«, die bezüglich einer Fragestellung, eines »Problems« und/oder einer »Lösung« miteinander sprechen und/oder zusammenarbeiten. Dieses nicht näher bezeichnete System ist im Prinzip das, was Anderson und Goolishian als »linguistisches System« bezeichnet haben und was sich – allgemein gesprochen – als *Diskurs* oder *Gesprächsform* bezeichnen lässt. Diskurse oder Gesprächsformen lassen sich als solche Beschreibungsformen verstehen, die nicht »beobachterunabhängig« sind. Sie werden erst durch Beteiligung am Gespräch (Kommunikation) für diejenigen relevant, die daran beteiligt sind.

Ein Beispiel: Es versteht sich von selbst, dass sich auch in Familienunternehmen, in denen ein bestimmter Warenbestand im Verhältnis zur Kundennachfrage zu groß ist, »Lösungen« im Bereich der Werbe- bzw. der Verkaufs-/Einkaufspolitik konstruiert werden müssen. Bei der Zusammenarbeit zur »Lösung solcher Probleme« sind all diejenigen

Mitarbeiter gefragt, die in diesem Bereich arbeiten und/oder die zu einer »Lösung« beitragen können; darüber hinaus können relevante Umwelten, z. B. Kunden, zu wichtigen Kommunikationspartnern bezüglich der »Problemlösung« werden. Schließlich könnten Berater hinzukommen, die diesbezügliche Kommunikationsprozesse unterstützen oder optimieren können.

Abbildung 2: Fallbeispiel Familienunternehmen »Südfrüchte«

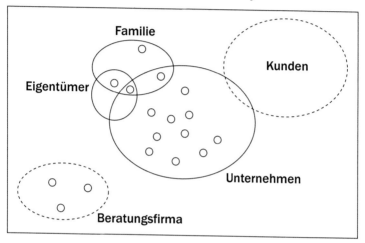

Die »Familie« besteht aus Vater (45), Mutter (43), Sohn (16) und Großvater (71). Die »Eigentümer« sind der Firmengründer (Großvater) und sein Sohn, dem 60 % des Eigentums an der Firma überschrieben wurden. Er selbst hält noch 40 %. Das »Unternehmen« setzt sich aus zehn Mitarbeitern zusammen; im Unternehmen arbeiten darüber hinaus sowohl der Vater (Firmenchef) als auch die Mutter, als Teilzeitmitarbeiterin mit »Allzweckfunktionen«. Der Großvater als Firmengründer arbeitet nicht mehr in der Firma mit.

In der hier vorgeschlagenen Sprache gibt es also drei wichtige *Diskurse* oder *Gespräche* (Kommunikationssysteme), die sich z.T. hinsichtlich der Mitgliedschaft überschneiden, teilweise aber unabhängig voneinander agieren.

Der Kundenstamm (ca. 500 Personen) hat Einzelkontakte zum Unternehmen, zwischen den Kunden bestehen höchstens zufällig Kontakte. Sobald Kunden mit in ein Beratungsgespräch einbezogen werden, können sie ebenfalls als Diskurs definiert werden.

Zur Beratungsfirma besteht zum Zeitpunkt der Darstellung noch kein Kontakt. Sie kann ebenfalls als *relevanter Diskurs* erachtet werden, sobald Kontakt zwischen dem Familienunternehmen und der Beratungsfirma hergestellt wurde.

Zwischenfazit

In Familienunternehmen ist also der kommunikative bzw. soziale Charakter von Problemen, Fragestellungen oder Themen besonders zu beachten, um nicht der Gefahr reduktionistischer Verhexungen zu erliegen.[15]

Für die Herstellung von Beratungssystemen erscheint es sinnvoll, sie als aktuelle Kommunikationssysteme (Diskurse, Gesprächsformen) zu konstruieren bzw. zu verstehen. Diese Diskurse organisieren sich um ein »Problem«, eine »Lösung«, einen »Verhandlungsgegenstand« oder ein »Thema« herum. Sie können in mögliche Beratungssysteme einbezogen werden. Dabei sollten sich diese Gruppen wechselseitig wertschätzend beschreiben, und ihre Stärken und Vielstimmigkeiten sollten kreativ genutzt werden, um sich den definierten Zielsetzungen zu widmen.

Im gemeinsamen Beratungsprozess selbst können deklarierte »Probleme« organisiert und schließlich dekonstruiert und aufgelöst werden. Wie dies geschehen kann, soll im nächsten Abschnitt praktisch erläutert werden.

Konsequenzen für die Beratungspraxis

Im Mittelpunkt der bis hierher geführten Diskussion für die Darstellung einer Form der Beratungspraxis, die einen Schwerpunkt setzt, der postmodernen Ideen verpflichtet ist, stehen also *problemrelevante Kommunikationssysteme (Diskurse, Gesprächsformen), Dekonstruieren, Geteiltes Expertentum, Koordination von Ethiken* und das *postmoderne Familienunternehmen*. Hier stellt sich nun die Frage, wie man die Beratungspraxis mit Hilfe und auf Grundlage dieser Begriffe so konstruieren kann, dass sie für die jeweilige Fragestellung nutzbringend eingesetzt werden kann und die formulierten Ziele erreicht werden können.

Koordination von Diskursen: Gespräche im Dialog

Im Beratungskontext kann es keine *a priori Systeme* geben, die irgendwo in der Welt der Familienunternehmen umherirren und darauf warten, von Beratern oder Forschern mit Hilfe bestimmter Messinstrumente erfasst und objektiviert zu werden, um schließlich einer Beratung zugeführt und mit einer wie immer gearteten Lösung ›beglückt zu werden‹. *Relevante Kommunikationssysteme, Diskurse oder Gesprächsformen* ergeben sich aus der Fragestellung oder der Zielsetzung des Beratungsauftrags und der Zusammenarbeit zwischen Auftraggebern und beauftragtem Beratungsteam. Das heißt, zur »Lösung bestimmter Probleme in Familienunternehmen« werden Konstruktion, Koordination und Ordnung bzw. die Beziehungen bestimmter Gesprächsformen zueinander durch die am Beratungsprozess beteiligten Personen geplant, hergestellt und vollzogen.

Dabei mögen grobe Voreinteilungen wie – »Familienmitglieder + x«[16], »Betriebsangehörige + x« und »Beraterteam + x« sich als sinnvoll erweisen, sie sind es jedoch nicht »objektiverweise« oder unabhängig von Fragestellungen und Beratungsaufträgen der beteiligten Personen. Wie man solche Gesprächsformen miteinander in Dialog bringt, wurde anderenorts bereits beschrieben (Deissler 2000 und 1998 sowie Deissler/Kose 2004).

Beratungsbeispiel

Wie sich unterschiedliche Gesprächsformen aufeinander beziehen, insbesondere wie sie miteinander in Dialog gebracht werden können, soll ein Beispiel aus der Praxis verdeutlichen.

Der Leiter einer Software-Firma und seine Ehefrau kamen zu einem Beratungsgespräch, in dem sie folgende Themen als Problembereiche deklarierten:

Familie
- mangelndes Engagement des Ehemannes bei der Kinderbetreuung
- sexuelle Beziehung zwischen den Partnern
- Alkoholkonsum des Ehemannes

Familienökonomie
- finanziell bedrohliche Situation der Familie
- ökonomische Unterstützung der Familie durch Eltern der Ehefrau

Familienunternehmen
- (Über-)Engagement des Ehemannes in der Firma
- Engagement der Ehefrau in der Firma

Unternehmensökonomie
- existenziell bedrohliche finanzielle Situation der Firma (Bankverbindlichkeiten)
- Absicherung der Gehaltszahlungen der Mitarbeiter
- wirtschaftliche Zukunftsaussichten der Firma.

Zunächst fanden mehrere Paargespräche statt, die ergänzt wurden durch Einzelgespräche – sowohl mit der Ehefrau, als auch mit dem Ehemann. Ca. jedes zweite Gespräch fand unter Hinzuziehung einer »reflektierenden Kollegin« statt.

In einem Einzelgespräch mit dem Ehemann wurde die Idee entwickelt, ein gemeinsames Gespräch mit seiner Ehefrau sowie zwei engen Mitarbeitern der Firma und deren Ehefrauen durchzuführen. Anlass war die Überlegung des Beraters, dass aus seiner Sicht zwar teilweise Therapiebedarf bestünde, aber ein Großteil der Probleme im Bereich der Koordination zwischen Betrieb und Familie läge. Dieser Sichtweise stimmte der Ehemann zu; er ergänzte, dass die von ihm ausgewählten Mitarbeiter sein Vertrauen besäßen und am ehesten zur Lösung der Probleme beitragen könnten. Während die Idee der Verschiebung des Beratungsfokus' also vom Berater kam, machte der Firmenchef den Vorschlag zur personellen Besetzung des Gesprächs. Der Berater bot seinerseits an, zu dem Gespräch Kollegen[17] als reflektierendes Team hinzu zu ziehen.

Die Ehefrau des Firmenchefs, die beiden Mitarbeiter sowie deren Ehefrauen wurden zu einem gemeinsamen Beratungsgespräch eingeladen. Alle Beteiligten stimmten dem Gespräch zu; zum Gespräch selbst kamen alle – bis auf die Ehefrau eines Mitarbeiters, die sich wegen eines dringenden Termins kurzfristig entschuldigte. Das Gespräch wurde unter Zustimmung aller Beteiligten, die vorher über die Gesprächsform informiert worden waren, auf Video aufgezeichnet.

Das Gespräch selbst dauerte etwa 2 1/2 Stunden. Es bestand aus folgenden Phasen:

1. Wechselseitige Begrüßung und Vorstellung der männlichen Unternehmensmitglieder und ihrer Ehefrauen sowie Vorstellung der Mitglieder der Beratergruppe.

2. Abstimmung zwischen Berater und Leiter der Firma über den Ablauf des gesamten Gesprächs, das seitens des Beraters wie folgt vorgeschlagen wurde:
   a. Gespräch der Mitarbeiter der Firma über ihre Fragestellungen,
   b. Gespräch der Ehefrauen über ihre Fragestellungen,
   c. Reflexionen des beratenden Teams,
   d. wie b.: Reflexion über die Ideen des beratenden Teams,
   e. wie a.: Reflexion über die Ideen des beratenden Teams.
3. Frage nach Einverständnis der Ehefrauen und der Mitglieder der Firma
4. Durchführung im vereinbarten Sinne (vgl. Abb. 3.1 bis 3.7)
   a. Eröffnung des Gesprächs,
   b. Gesprächsphasen 2. a. bis e. und
   c. Abschluss des Gesprächs: offener Austausch zwischen allen Beteiligten.
5. Verabschiedung

Für diejenigen, die nicht mit der Arbeitsweise des »Reflektierenden Teams« (Andersen 1990), der Adaptation auf unterschiedliche Beratungszusammenhänge (Deissler/Schug 2000; Deissler 1999; Deissler, 1998; Deissler/Keller/Schug 1996) und postmodernen Arbeitsweisen (Deissler 2000 und Anderson 1999) vertraut sind, sei darauf verwiesen, dass die Gespräche jeweils in Gegenwart der anderen stattfinden. Das hieß in dem konkreten vorgestellten Fall zum Beispiel, dass die männlichen Firmenmitglieder sich in Gegenwart ihrer Ehefrauen und des »reflektierenden Beraterteams« austauschten, die Ehefrauen wiederum in Gegenwart ihrer Ehemänner und des »reflektierenden Beraterteams« und das »reflektierenden Beraterteam« in Gegenwart der Ehefrauen und Ehemänner.

Die inhaltlichen Details dieser Beratung sollen hier nicht weiter erörtert werden, da es mir an dieser Stelle mehr auf die *Gesprächsform* und den *Gesamtablauf des Gesprächs* als den Inhalt ankommt. Ich möchte also festhalten, dass diese Beratungsform es ermöglicht, dass *verschiedene Gespräche miteinander ins Gespräch (Dialog) kommen*. So wurden im »Gespräch der Ehefrauen« deren Sichtweisen ausgetauscht, im Gespräch »der in der Firma beschäftigten Ehemänner« deren Sichtweisen und die Kommentare zu den Sichtweisen der Ehemänner usw.; diese beiden Gesprächsformen und -inhalte wurden wiederum vom »Gespräch des Beratungsteams« reflektiert. Auf diese Weise wurden neue Beschreibungsinhalte und -formen angeboten (bzw. die vorhandenen in dem Sinne dekonstruiert, dass neue eröffnet werden konnten ...). Das Gespräch des Beratungsteams wiederum wurde der Reihe nach von den beiden anderen Gesprächsformen reflektiert. Dieser komplizierte Prozess wird anhand der folgenden Skizzen vereinfacht dargestellt.

Abbildung 3.1: Drei Gespräche im Dialog (Beratungssystem):
Eröffnung des Gesprächs

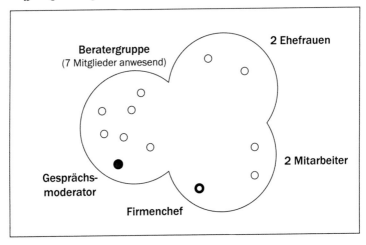

Zeichenerklärung für diese und die folgenden Abbildungen: durchgezogene Linie »—« = Gespräch; gestrichelte Linie »- - -« = Zuhörer

Alle Gesprächspartner können sich am Gespräch beteiligen (räumlich vereinfacht dargestellt: tatsächlich saßen die Ehepartner nebeneinander, auch der Gesprächsmoderator blieb an seinem Platz).

Das Beratungssystem setzt sich zusammen aus fünf Gesprächsphasen, in denen der Firmenchef, seine Ehefrau, zwei Mitarbeiter und die Ehefrau eines Mitarbeiters sowie die Mitglieder der Marburger Beratergruppe und der Gesprächsmoderator in einem Raum anwesend sind. Sie hören sich bei den einzelnen Gesprächsphasen wechselseitig zu.

BERATUNG VON FAMILIENUNTERNEHMEN | 49

Abbildung 3.2: Gespräch I (Phase I): Der Gesprächsmoderator spricht mit dem Firmenchef (Auftraggeber) und den Mitarbeitern der Firma über die deklarierten Probleme

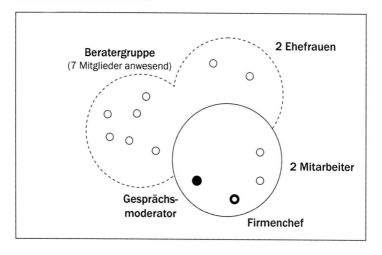

Abbildung 3.3: Gespräch II (Phase II): Der Gesprächsmoderator spricht mit den Ehefrauen über die deklarierten Probleme (und Phase I, soweit gewünscht)

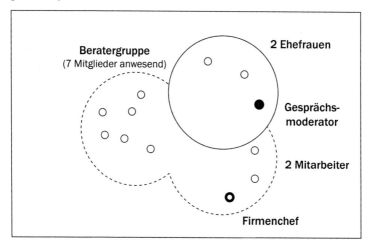

Abbildung 3.4: Gespräch III (Phase III): Die Beratergruppe reflektiert über die beiden vorausgegangenen Gespräche

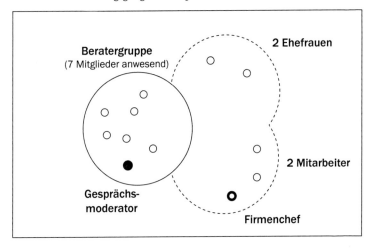

Abbildung 3.5: Gespräch II (Phase IV): Die Ehefrauen reflektieren über die vorangegangene Reflexion der Beratergruppe

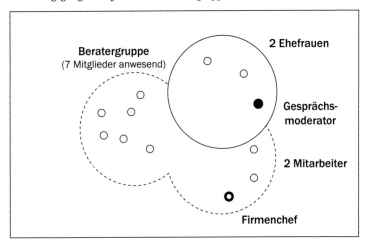

Abbildung 3.6: Gespräch I (Phase V): Firmenchef und Mitarbeiter reflektieren über Phasen III und IV usw.

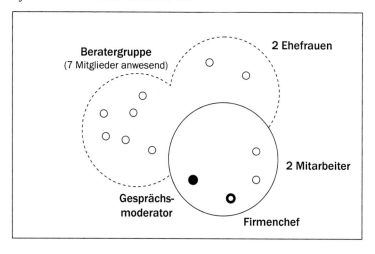

Abbildung 3.7: Abschluss des Gesprächs: drei Gespräche im offenen Dialog

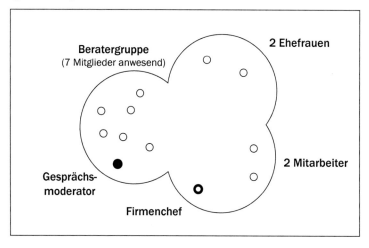

Der gesamte Prozess wurde von allen Beteiligten als extrem spannend, hilfreich und konstruktiv erlebt. In der Folge machten alle drei Gesprächsgruppen – Partnerbeziehung des Firmenleiters, Computerfirma, Beratungsteam – signifikante Transformationen durch. Von diesen sollen schlaglichtartig jeweils eine genannt werden: Das Ehepaar, das ursprünglich zur Beratung kam, trennte sich in wechselseitigem Einvernehmen, der Firmenchef reduzierte die Belegschaft seines Betriebes auf ein Sechstel, und im Beraterteam entstanden inhaltliche Auseinandersetzungen, die von einer Verringerung der Mitarbeiterzahl und Auseinandersetzung um inhaltliche Orientierung begleitet waren. Auf den ersten Blick könnten die Ergebnisse wenig befriedigend erscheinen. Betrachtet man jedoch die Ausgangsproblematiken (vgl. die Themen der ersten Sitzung), können sie unter den gegebenen Bedingungen als die bestmöglichen verstanden werden. Wichtig ist meines Erachtens bei der Bewertung von Beratungserfolgen immer der Bezugsrahmen: Wenn man versucht, mit therapeutischen Mitteln eine Ehe zu erhalten, die Partner sich jedoch längst nicht mehr solidarisch verhalten, geschweige denn sich lieben, wäre diese Ehe zum Scheitern verurteilt. Dasselbe trifft für die Beratung eines Familienunternehmens zu: Wenn Banken dem Unternehmen zur Aufrechterhaltung des Betriebes in dem gewohnten Umfang keinen Kredit mehr geben und die Weiterführung des Betriebes den finanziellen Ruin des Unternehmers bedeuten würden, kann die Reduktion der Belegschaft als vergleichsweise geringerer Verlust angesehen werden als die Zwangsliquidierung des Unternehmens.

Fazit

Der Autor geht davon aus, dass sowohl in Familienunternehmen als auch bei den Beratern und Forschern, die diese Unternehmensformen beschreiben, bestimmte Sprechweisen und Vokabulare vorherrschen. Wenn man den derzeitigen Diskussionsstand betrachtet, scheinen Beschreibungsformen bevorzugt zu werden, die vergleichsweise statische Beziehungen zwischen Familie (Verwandtschaftssystem), Besitz- und Kapitalverhältnissen sowie der Organisation des Unternehmens hervorheben. Die Veränderlichkeit dieser Beziehungen tritt dabei eher in den Hintergrund.

Der Aufsatz versucht durch die Anwendung einer Sprache, die im Feld der Familienunternehmen und deren Beratung (noch) ungewöhnlich ist, neue Beschreibungs- und damit Verständnismöglichkeiten zu eröffnen. Zentral dabei ist die Annahme, dass Formen und Inhalte von Beschreibungen in *Kommunikationssystemen* entwickelt, etabliert und transformiert werden. Diese Auffassung bezeichnet der Autor als *postmodern*. Durch den Verweis auf *Ethiken, gemeinsames Lernen, Dekonstruieren* und die Anwendung von Begriffen wie »Problemsysteme«, »linguistische Systeme« und »Gespräche im Dialog« werden nach Auffassung des Autors Beratungsformen möglich, die andere Schwerpunkte setzen und damit neue Möglichkeiten eröffnen. Die Schwerpunkte bestehen darin, gemeinsam verschiedene, lebendige Kommunikationssysteme (Gesprächsformen, Diskurse) zu definieren, sie auf neuartige Weise miteinander ins Gespräch zu bringen und sich wechselseitig zuzuhören. Dadurch werden unprätentiöse, selbstreflexive Transformationsprozesse erzielt. Diese entsprechen der postmodernen Auffassung von Familienunternehmen als Geburtsstätte ständigen Wandels. Anhand eines Beispiels aus der Beratungspraxis wird diese Auffassung veranschaulicht und durch die Darstellung einiger formaler Schritte verdeutlicht.

Ausblick

Stellen wir uns vor, das Gespräch, mit dem dieser Aufsatz seinen Anfang nahm, sei fortgesetzt worden, und der Vater habe den Sohn gefragt: »Bist du bereit, auch mir ein paar Fragen zu beantworten?« und der Sohn habe geantwortet: »Ja, wenn's sein muss.« Darauf sagt der Vater: »Nehmen wir an, du wärst in meinem Alter, vielleicht noch zehn bis fünfzehn Jahre älter, und du würdest unsere Firma leiten oder hast vielleicht eine eigene Firma gegründet. Sagen wir, du seiest Leiter einer Beratungsfirma für Familienunternehmen. Was würdest du tun, um mit deinen Auftraggebern eine gute Form der Zusammenarbeit herzustellen? Würdest du denken, dass du etwas verkaufst? Ideen oder Gesprächskulturen, die für deine Klienten nützlich sind? Solche, die du selbst oder andere entwickelt haben? Denkst du, dass dir das, was du beruflich tust, in dem Maße gefallen sollte wie es anderen nützt? Denkst du, dass unsere Gespräche für deine zukünftige Arbeit nützlich sein können? Was meinst du, von welcher Arbeitsform deine Klienten am besten profitieren?«

Anmerkungen

1 | Die Studien weisen z.T. widersprüchliche Aussagen auf und voneinander stark abweichende Prozentzahlen auf. So sprechen Wimmer et al. (2004: 1) davon, dass ca. 2/3 den Sprung in die zweite Generation schaffen, während Albach (2002: 165) folgende Angabe macht: »Die Wahrscheinlichkeit, dass ein neu gegründetes Unternehmen die ersten vier Jahre überlebt, liegt bei rund 50%. Man spricht daher auch von der ›Säuglingssterblichkeit‹ des Familienunternehmens. Und auch nach vier Jahren ist die Zukunft keineswegs sicher. Diese Widersprüche mögen darin begründet sein, dass unterschiedliche Vergleichsmaßstäbe benutzt werden – z.B. Definitionen von Familienunternehmen oder dem Zeitpunkt der Erhebung und voneinander abweichende Erhebungsmethoden. Dieser Einwand dürfte an der grundsätzlichen Argumentation, die hier vorgetragen wird, aber nicht viel ändern.

2 | Damit keine Missverständnisse entstehen: Die Erforschung und Beschreibung erfolgreicher Mehrgenerationen-Familienunternehmen ist sicher selbst ein lohnendes Unternehmen, wenn man deren Erfolgsmuster herausfiltern will (vgl. Wimmer/Groth/Simon 2004). Andererseits wäre es m.E. ein Fehler, Familienunternehmen, die nicht von der zweiten Generation übernommen werden – und das sind nach Schätzwerten, die man von Zeit zu Zeit in Presseartikeln findet, bis zu 50 % – als misserfolgsgesteuert, versagend oder defizitär anzusehen. Die in diesem Buch geleistete Diskussion soll auch einen Beitrag für alternative, positive Beschreibungs- und Verstehensweisen für solche Betriebe eröffnen, die sich unausgesprochen oder ausdrücklich und selbst gewählt auf eine Generation beschränken.

3 | Diese Feststellung gilt (aus meiner persönlich eingefärbten Sicht) für die Veröffentlichungen in Fachjournalen und Büchern.

4 | Mit »beobachterunabhängig« ist die Tendenz gemeint, zu den gleichen Beschreibungen zu gelangen – unabhängig davon, wer diese Beschreibung macht. Solche Beschreibungsformen findet man beispielsweise bei Genogrammen (Familienstammbäumen), die seit dem Mittelalter angewandt werden, und bei Familienlandkarten, die Minuchin (1974) als Analyseinstrument in seiner strukturellen Familientherapie entwickelte.

5 | Hier sind – wie bereits versucht wurde zu verdeutlichen – Gesprächsformen und -inhalte gemeint, an denen bestimmte Personengruppen teilhaben.

6 | Auch wenn heutzutage kaum jemand diese von Prata (1992) benutzte Harpunenmetapher gebraucht, erfreut sich das Interventionsdenken im Beratungsbereich immer noch großer Beliebtheit, obwohl es eher auf ein Denken in Kampfmetaphern (Intervention, Strategie, Taktik, Manöver) und damit auf einen militärischen Diskurs hinweist. Autoren, die sich einem dialogischen Diskurs zugehörig fühlen, werden diese Begrifflichkeit vermutlich eher meiden.

7 | Zur Entstehung der Ideen von »inneren, äußeren und offenen Dialogen« vgl. Bachtin (1974) – und für die Anwendung in Beratungs- und therapeutischen Zusammenhänge Deissler (2000).

8 | Für den Beratungsprozess haben Anderson/Goolishian (1992) solch offene Fragen als »konversationale Fragen« bezeichnet. Es sind Fragen, die zu Antworten führen, die weitere Fragen nach sich ziehen.

9 | Für eine ausführlichere Diskussion kann mein Aufsatz (Deissler 2000) herangezogen werden.

10 | Expertenethiken, die darüber Auskunft geben, welche Sichtweise der »wahren oder besseren Beschreibung« am nächsten kommt, und die wissen, was für die Kunden gut ist, wirken eher kontraproduktiv.

11 | Seien es Genogramme, Familienlandkarten, standardisierte Fragebögen oder Familien-/Systemaufstellungen etc, soweit sie den Anspruch erheben, »dahinter oder zugrunde liegende« objektive, existenzielle oder wahrheitsgemäße Gegebenheiten zu erfassen, die unabhängig vom Sprecher/Beobachter existieren. Werden diese Verfahren mit bescheideneren Ansprüchen eingesetzt – z.B. als Hilfsinstrumente »zur Erzeugung von Hypothesen« –, können sie eine ergänzende Funktion erfüllen. Sie können aber im Kontext des hier vorgeschlagenen Beratungsmodells die verschiedenen Formen der Beratungsgespräche nicht ersetzen.

12 | Das Beispiel wird verfremdet wiedergegeben, um Rückschlüsse auf bestimmte Personen zu verhindern.

13 | Dass ich an dieser Stelle Sprachspiele, Diskurse und Gesprächsformen in etwa synonym gebrauche, soll hervorheben, dass die beteiligten Personen aktiv miteinander kommunizieren, dass die Kommunikation in der Gegenwart stattfindet und dass sich sprachliche und nicht-sprachliche Handlungen miteinander verweben.

14 | Umso erstaunlicher ist, dass teilweise im Rahmen der Auseinadersetzung um Formen der »Familienunternehmensberatung« vorgeschlagen wird, Genogramme als wichtigste Form der Datengenerierung einzusetzen, um bestimmte Probleme zu lösen. Abgesehen davon, dass solche Methoden quasi einen *genetischen Reduktionismus* betreiben, der suggeriert, aktuelle Probleme von »Familienunternehmen« ließen sich auf beobachterunabhängige, familiengenetische Strukturen zurückführen, vernachlässigen sie den aktuellen Stand der Diskussion. In diesem Zusammenhang ist es bemerkenswert, dass in der Literatur über Genogramme die folgenden beiden Hinweise kaum zu finden sind:

- Genogramme wurden im Mittelalter als »Familienstammbäume« entwickelt und erstmals angewendet.
- Im Nationalsozialismus wurde u.a. mit Hilfe von Genogrammen im Rahmen der »Ahnenforschung« ein Großteil der Bevölkerung in Angst und Terror versetzt, da »rassisch unreine« Verwandte auf diese Weise »aufgespürt« wurden. Dieses Vorgehen hat schließlich erst die Massenvernichtung »minderwertiger« Menschen ermöglicht. Dieser Zusammenhang wird in zynischen Witzeleien über »entfernte Verwandte« deutlich.

15 | So gesehen wäre es absurd zu versuchen, unternehmerische Probleme mit Genogrammen oder ähnlichen Methoden zu erklären und zu »objektivieren« bzw. ihren kommunikativen Charakter als zweitrangig zu betrachten. – Mit anderen Worten: So wenig wie es nützlich ist, sich das Bettnässen als genetisches

Problem eines Schülers oder in (genetischen) Verwandtschaftsbeziehungen seiner Familie zu erklären, so irreführend wäre es, Familienunternehmensprobleme auf die genetische Struktur einer Familie zu reduzieren. – Mit diesem Hinweis soll nicht bestritten werden, dass »kontextuelles Denken« abwegig wäre: Was ich hier sagen will, ist, dass genetisch relevante Personen nicht identisch sein müssen mit Personen, die aktuell relevante Kommunikationspartner sind und damit eher zur Aufrechterhaltung und/oder Auflösung des »Problems« beitragen können.

16 | Das »+ x« soll jeweils das Hinzuziehen relevanter Kommunikationspartner bezeichnen.

17 | Das reflektierende Team setzte sich aus den damaligen Mitgliedern der »Marburger Beratergruppe, MBG« zusammen. Folgende Mitglieder waren anwesend: Ingrid Langer, Beate Höll-Möller, Manuela Krahnke, Irene Knüllig, Karl-Heinz Kose, Franz Hunecke und Klaus G. Deissler (vgl. *www.marburger-beratergruppe.de*).

Diskurs

Unternehmen – Familie – Beratung:
Dialoge und Expertise

KAI W. DIERKE/ANKE HOUBEN

»Gespräche miteinander ins Gespräch bringen«, die »Koordination von Vielstimmigkeit«, über »lebendige Kommunikationssysteme« Transformationsprozesse anstoßen – mit der Beschreibung postmoderner Auffassungen von Beratung setzt Klaus Deissler Akzente für die Beratung von Familienunternehmen. Als Organisationsberater mit Wurzeln sowohl in der Fach- als auch in der Prozessberatung sind wir in der Beratung von Familienunternehmen immer wieder mit der besonderen Komplexität konfrontiert, die für diesen Unternehmenstypus charakteristisch ist. Was kann ein »postmoderner Beratungsansatz« in diesem Kontext leisten? Nach einem kurzen Blick auf die Besonderheiten von Familienunternehmen skizzieren wir anhand eines Fallbeispiels Vorgehensweise und Potenziale einer solchen Beratung.

Familienunternehmen verstehen wir als Unternehmen, die sich im Eigentum einer Familie oder eines Familienverbandes befinden. Familienmitglieder können also die Entwicklung des Unternehmens maßgeblich (mit)bestimmen. Die Beratungspraxis zeigt, dass für uns eine möglichst breit angelegte Definition von Familienunternehmen sinnvoll ist: Der Typus Familienunternehmen reicht in unserem Verständnis vom zeitlich begrenzten Ein-Generation-Kleinstbetrieb bis hin zu Mehr-Generationen-Unternehmen, in der die Familie selbst nicht mehr in der Unternehmensführung vertreten ist, sondern sich auf die Rolle des Mehrheitseigentümers beschränkt. Es sind weniger formale Kriterien wie Größe, Generationen oder Eigentümerstruktur für uns entscheidend, sondern vielmehr spezifische Dynamiken innerhalb des Systems »Familienunternehmen« und damit Fragestellungen in der Beratung, die aus der wechselseitigen Beeinflussung von Familie und Unternehmen resultieren. Warum also subsumieren wir diese doch recht differierenden Unternehmensvarianten unter einen prägenden Begriff? Was macht diesen spezifischen Unternehmenstypus aus? Welche Dynamiken kennzeichnen ihn? Und schließlich: Welche praktischen Konsequenzen hat die Verbindung von Familie und Unternehmen in ihren unterschiedlichsten Ausprägungen für eine erfolgreiche Organisationsberatung?

Die paradoxe Dynamik: Familie im Unternehmen und Unternehmen in der Familie

Die enge Verwobenheit der Familien- und Unternehmenswelt bildet den Kern der Beschäftigung mit Familienunternehmen. Diese Verflechtung von Familie und Unternehmen geht weit über eine bloße wechselseitige Beeinflussung hinaus: Die besondere Dynamik von Familienunternehmen resultiert in einer wesenhaften »Koevolution zweier, im Grunde genommen einer ganz unterschiedlichen inneren Logik folgender sozialer Systeme [...], der Eigentümerfamilie einerseits und dem Unternehmen als einem bestimmten Typus von Organisation andererseits. In dieser Koevolution wird die Dynamik der einen Seite von der anderen gespeist und umgekehrt« (Wimmer/Domayer/Oswald/Vater 2005: 7). Positiv betrachtet, resultiert dies beispielsweise in einer sinnstiftenden Identifikation und einer hohen emotionalen Verbundenheit der Beteiligten mit dem Unternehmen. Gleichzeitig jedoch birgt diese Verflechtung ein hohes Risikopotenzial: Vereinfacht gesprochen, kämpfen Familienunternehmen häufig an zwei Fronten zugleich, die sich gegenseitig beeinflussen und nähren – sie müssen sich an der äußeren Frontlinie im globalen Wettbewerb mit ihren Konkurrenten behaupten und zugleich innerfamiliäre Konflikte innerhalb des Unternehmens managen. Entscheidend für die Überlebensfähigkeit von Familienunternehmen ist letztlich, inwieweit Strukturen und Prozesse geschaffen werden, welche die Vielzahl typischer Konflikte, die aus dem ständigen Bemühen resultieren, eine Balance zwischen familiären Bedürfnissen und Unternehmenserfordernissen zu schaffen, bearbeitbar machen.

Bedürfnisse im Familienkontext und Anforderungen an ein erfolgreiches Unternehmen folgen grundsätzlich unterschiedlichen Logiken und Werten. Familie und Unternehmen sind in Funktion und Struktur wesenhaft unterschiedliche Typen sozialer Systeme, die entsprechend ihrem Zweck eigenen Spielregeln folgen. Beide Systeme beziehen ihre Rationalität aus spezifischen Aufgaben und Funktionen: Dominieren Geschäftsinteressen, wird das Familiensystem ausgehöhlt – dominieren familiäre Interessen und Konflikte, bedeutet dies unweigerlich eine Schwächung des Unternehmens.

Drei Dimensionen möchten wir hier besonders hervorheben (Abbildung 1): Während Familiensysteme mit ihrer Ausrichtung auf emotionale Bindung, Autonomie und Tradition überlebensfähig sind, müssen sich Unternehmen, wollen sie langfristig erfolgreich sein, an ökonomischen Sachentscheidungen, Offenheit gegenüber der Umwelt und Wandlungsfähigkeit als handlungsleitenden Prinzipien orientieren.

Abbildung 1: Drei Grundparadoxien von Familienunternehmen

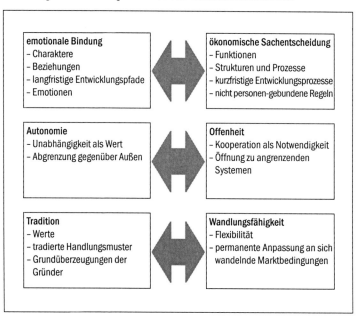

Diese Muster definieren Simon, Wimmer und Groth neben anderen als unvermeidbare »Grundparadoxien« (Simon/Wimmer/Groth 2005: 150-204), an denen Familienunternehmen sich abarbeiten müssen, um langfristig überleben zu können:

1. *Entscheidungen auf Basis von Emotion versus ökonomische Sachentscheidungen:* Stehen in Familien die Charaktere, Beziehungen, langfristige gemeinsame Entwicklungspfade und Emotionen im Mittelpunkt, werden Unternehmen über formale Funktionen und Strukturen, institutionalisierte, nicht personen-gebundene Regeln und kurzfristigere Entwicklungsprozesse definiert.

2. *Ideal der Autonomie der Familie versus Anerkennung der Abhängigkeit von der Umwelt und damit Öffnung des Systems:* Ist für Unternehmerfamilien der Wert der Unabhängigkeit und die damit bewusst vorgenommene Abgrenzung von äußeren »Einflüssen« häufig identitätsbildend, so gilt für Unternehmen eine möglichst weitgehende Kooperation und damit die Öffnung zu angrenzenden Systemen als erfolgsentscheidend.

3. *Identitätserhalt durch Tradition und Stabilität versus Veränderungsbereitschaft und Flexibilität:* Basiert die Identität von Familien zumeist auf spezifischen Werten, Traditionen oder Grundüberzeugungen des Familienoberhaupts und Unternehmensgründers, so erfordert ein erfolgreiches Agieren von Unternehmen die Fähigkeit, flexibel auf sich permanent verändernde Marktbedingungen zu reagieren.

Kommt es zur Vermischung familiärer und unternehmerischer Spielregeln durch die Diffusion der beiden Lebenswelten, entsteht zwangsläufig Irritation, Widerspruch und Inkonsistenz (Carlock 2001). Die genannten Paradoxien sind wesenhaft nicht lösbar. Die einzige Möglichkeit eines Umgangs mit den Paradoxien ist, die grundsätzlich widersprüchliche Logik der Spielregeln beider sozialer Systeme Familie und Unternehmen offenzulegen und damit aktiv bearbeitbar zu machen. Die in Konflikt geratenen Werte und Regeln beider Systeme müssen mit Bezug auf die konkrete Situation dabei stets aufs Neue ausbalanciert werden.

Die Herausforderung: Beratung von Familienunternehmen zwischen Dialog und Expertise

Aufgrund ihrer besonderen Dynamik in der Ko-Evolution von Familie und Unternehmen erfordert die Beratung von Familienunternehmen in strategischen Fragestellungen – wie Vertriebsstrategie, Produktportfolio oder Positionierung am Markt – eine spezifische Perspektive auf den eigenen Beratungsansatz, das Beratungsmandat und mögliche »Lösungsräume«. Als Berater in dem Spannungsfeld zwischen systemischer Prozessberatung und traditioneller strategischer Fachberatung stellt sich uns die Frage nach Grenzen und Möglichkeiten beider Beratungsansätze immer wieder in besonderem Maße. Anfragen aus Familienunternehmen beziehen sich vordergründig meist nicht auf Fragestellungen im Grenzbereich zwischen Familie und Unternehmen, sondern auf strategische Fragen der Unternehmensentwicklung. Welcher Beratungsansatz aber ist in einem solchen Fall angemessen? Anhand eines idealtypischen Fallbeispiels[1] wollen wir im Folgenden die Kernherausforderungen und Grundlinien eines solchen Beratungsprozesses zwischen Fach- und Prozessberatung skizzieren.

Der Beratungsfall

Unser Klient ist ein erfolgreicher mittelständischer Hersteller von Spezialarmaturen mit etwa 600 Mitarbeitern. Das Unternehmen mit Sitz in Süddeutschland befindet sich in der dritten Generation in Familienbesitz und zählt in seiner Branche zu den führenden Playern am deutschen Markt. Nach mehreren Jahren des organischen Wachstums befand sich das Unternehmen zum Zeitpunkt des Beginns unseres Mandats inmitten einer Zäsur: Im Rahmen einer als »gelungen« betrachteten Nachfolgeregelung hatten sich die zwei Brüder, die das Unternehmen gemeinsam als technischer und kaufmännischer Geschäftsführer geleitet hatten, aus dem operativen Geschäft zurückgezogen. Die Gesamtgeschäftsführung wurde nach außen hin einvernehmlich in die Hände des einzigen männlichen Nachkommens der nächsten Generation gelegt – eines Maschinenbauingenieurs, der nach seinem Studium erfolgreich in einem international renommierten Beratungsunternehmen eine eigenständige Karriere verfolgt hatte.

Nach etwa acht Monaten Einarbeitung in die neue Position entschloss sich der neue Geschäftsführer – unter der Perspektive, dass nur ein verstärktes Wachstum nachhaltig die Position des Unternehmens am Markt sichern könne – zur Neubesetzung einer Schlüsselposition: Die Position des Leiters Vertrieb wurde substanziell aufgewertet und mit einem externen ausgewiesenen Vertriebsprofi besetzt. Anders als erwartet, gestaltete sich jedoch die Zusammenarbeit zwischen Geschäftsführer und Vertriebsleiter nach kurzer Anfangseuphorie zunehmend spannungsreich. Gegenstand der Spannungen war dabei weniger das operative Tagesgeschäft, sondern vor allem unterschiedliche Perspektiven bezüglich der Unternehmensstrategie oder genauer: bezüglich der Notwendigkeit zur Formulierung einer expliziten Wachstumsstrategie. Eine Reihe von Versuchen des Vertriebschefs, mit der Geschäftsführung in den Prozess einer Formulierung einer solchen expliziten Strategie einzutreten, blieben erfolglos bzw. wurden hinhaltend beantwortet. In dieser Situation wurden wir vom Vertriebschef mit Zustimmung des Geschäftsführers angefragt, ob und wie wir als externe Berater beim »Strategieentwicklungsprozess« unterstützen könnten.

Grundlegende Erkenntnisse für die Beratungsarbeit

Das von Klientenseite formulierte Ziel, »mit uns und für uns mal eine strategische Stoßrichtung zu formulieren«, stellte uns vor eine Herausforderung. Denn nach den ersten Einzel-Vorgesprächen mit dem Geschäftsführer und dem Vertriebschef entwickelten wir die Grundhypothese, dass es sich bei der anstehenden Aufgabe nicht um eine klassische Strategiearbeit im Sinne der traditionellen Fachberatung handeln könnte – also nicht um Unterstützung der Strategieentwicklung des Klienten durch externes Expertenwissen und technische Prozess-Steuerung. Mit unserer Sicht auf Unternehmen als nicht-triviale, soziale Systeme – als Kommunikationssysteme – mit spezifischen Organisationsprinzipien und Regeln wurde rasch erkennbar, dass die von Klientenseite zunächst angedachte traditionelle Strategieentwicklungs-»Studie« zu kurz greifen würde. Denn die Vorgespräche zeigten eine komplexe Ausgangssituation, die durchaus typisch ist für Familienunternehmen. Auf den Punkt gebracht, waren für unseren Beratungsprozess nach den Vorgesprächen *drei Hypothesen* handlungsleitend:

1. Die dysfunktionale Kommunikation zwischen Vertriebschef und Geschäftsführer spiegelt u.a. die Dilemmata eines Familienunternehmens wider – beispielsweise in dem oft schwierigen Spannungsfeld zwischen marktgegebenen Notwendigkeiten des Wandels und persönlichen Interessen an Bewahrung der Tradition. Die Dysfunktionalität kann dabei noch dadurch verstärkt werden, dass beide Akteure sich als Repräsentanten des jeweiligen Systems entsprechendem Druck ausgesetzt fühlen.
2. Die unterschiedliche Wirklichkeitskonstruktion des jeweils anderen ist beiden Akteuren nicht bewusst. Ein erster Schritt zu einer Kooperation könnte also eine Kommunikationsform sein, in der die jeweils

anderen Wahrnehmungen und praktizierten impliziten Regeln und Muster angehört, kommentiert und reflektiert werden.
3. Das Angebot externer Fachexpertise kann zu Beginn der Beratung nicht zu einer mittel- und langfristigen Lösung in der Strategiedefinition beitragen, sondern lenkt von den eigentlichen Fragestellungen ab. Zeitpunkt und Umfang eines solchen Angebots hängt von der Dynamik des Beratungsprozesses ab und kann nicht a priori beantwortet werden.

Schritt 1: Reframing und Mandat

Auch im Kontext des vorliegenden Familienunternehmens bestand die besondere Herausforderung für Berater wie für Beteiligte zunächst darin, nicht der Versuchung zu erliegen, bestehende Dilemmata vordergründig »aus der Welt zu diskutieren«. Gerade in der Definitionsphase von Projekten dieser Art wird die Haltung, mit der Berater der Klientenorganisation begegnen, zum entscheidenden Prüfstein. Denn bereits hier besteht die Gefahr, sich einzelne, in der Organisation betriebene Diskurse und damit präskriptive »Problemdefinitionen« zu eigen zu machen oder schlimmer noch: der Organisation eigene, aus einer vermeintlich objektiven Fachberater-Perspektive heraus formulierte Problemdefinitionen zu »verschreiben«. Allzu häufig führt die einseitige Fokussierung der Beratung auf die Ebene der »Geschäftsdynamik« zur kontextfreien Entwicklung linearer Strategieprogramme, die in der Unternehmensrealität nicht anschlussfähig sind.[2] Gerade im vorliegenden Beispiel, so unser Anfangsverdacht, wirkten auf den Ebenen der »organisationalen Dynamik« und »personalen Dynamik« die bereits beschriebenen besonderen Charakteristika eines Familienunternehmens einer kollaborativen Strategieentwicklung entgegen.

In unseren ersten Gesprächen gewannen wir den Eindruck, dass im Unternehmen, in der Familie und im Grenzbereich Unternehmen/Familie höchst vielstimmige Denk- und Sprechweisen zu unterscheiden waren, die in ihrem Reichtum und ihrer Multiperspektivität als Ressource für den angestrebten »Strategieprozess« heranzuziehen waren. Diese Unterschiede als Vielfalt und Chance, nicht aber als unlösbaren Konflikt zu verstehen – darauf kam es uns in dem Beratungsprozess an. Wir entschlossen uns, dem Klienten unsere Hypothesen zurückzuspiegeln und die Konsequenzen für das Beratungsmandat offen anzusprechen. Der Klient nahm unser Angebot zur Reflexion an und stimmte einer Veränderung des Mandats zu – einer *Integration von Prozess- und*

Fachberatung, die kennzeichnend für unseren Beratungsansatz ist: Darunter verstehen wir eine Kombination aus der systemisch-prozessualen Unterstützung des Klienten bei der Eröffnung neuer Sichtweisen und Möglichkeitsräume einerseits und dem Angebot fachbezogener Inhalte für die Strategieentwicklung andererseits. Die Bedeutung dieser Erweiterung bzw. Umdeutung unseres Mandats für die Beratungspraxis ist kaum zu überschätzen. Denn anders als etwa in Situationen, in denen Klienten aus eher therapeutischen Anliegen heraus gesprächszentrierte Ansätze durchaus erwarten, liegen im Unternehmensberatungskontext – noch dazu speziell bei strategischen Fragestellungen – systemische Vorgehensweisen nicht selten zunächst außerhalb des Erwartungshorizonts der Beteiligten.

Schritt 2: Dekonstruktion und Moderation

Ausgehend von unseren Hypothesen stand damit zunächst die Organisation strategischer Diskurse – die »Koordination von Vielfalt und Selbstreflexion in Transformation« (vgl. Ressource) – im Mittelpunkt unserer Klientenarbeit. Zentrale Aufgabe war es, unterschiedliche Diskurse und inhärente Dilemmata, die nicht zuletzt aus dem »inner theatre«[3] der Organisation bzw. ihrer individuellen und kollektiven Akteure entstehen, mittels eines systemischen Ansatzes besprechbar und also bearbeitbar und für die weitere erfolgreiche Ko-Evolution von Unternehmen und Familie nutzbar zu machen. »Dekonstruktion« im Sinne der Ergänzung und Erzeugung neuer Sichtweisen mit dem Ziel, vorherrschende Formen der Analyse und Lesarten zu überwinden, multiple Verstehensweisen zu ermöglichen und neue Handlungsspielräume zu eröffnen – dies zu unterstützen war angesichts der Dilemmata und festgefahrenen Kommunikationsmuster in dem Familienunternehmen zunächst vordringlich.[4] Dabei geht es nicht darum, wie Königswieser und Hillebrand in der Beschreibung systemischer Haltung hervorheben, »einzelne Personen zu verändern, zu psychologisieren, sondern darum, Strukturen, Beziehungsmuster und Denkschienen zu erkennen und Sichtweisen zu verändern, um ein anderes Verhalten zu ermöglichen« (Königswieser/Hillebrand 2004: 40).[5]

Dekonstruierende Verfahren zielen auf neue Beschreibungen, deren Qualität sich in erster Linie in Bezug auf den Nutzen für die Beratungsziele erweisen sollte. Leitfrage für die auszuhandelnde Form der sozialen Konstruktionsprozesse ist: »Wie könnten wir unsere Gesprächsprozesse so organisieren, dass alle Beteiligten davon im Sinne der Ausgangsfrage profitieren?« (Deissler 2000) Gemeinsam mit dem Vertriebschef und dem Geschäftsführer diskutierten wir daher zunächst zwei Kernfragen:

1. Welche Kommunikationssysteme bzw. Diskurse sind die für den vorliegenden Beratungsauftrag relevanten (Fokus Systemdiagnose)?
2. Mittels welcher Gesprächsformen und Interventionen sind diese Diskurse in ihrer Mannigfaltigkeit bestmöglich für die Ausgestaltung einer Lösung zu koordinieren (Fokus Interventionsarchitektur und -designs)?

Die Bearbeitung der Ausgangsfrage nach der »Definition einer geeigneten Strategie« stellten wir bewusst zurück. Indem wir im Rahmen der Mandatsklärung das Betrachtungsfeld veränderten und den Fokus von der Strategiefrage auf die Unterschiede in den Diskursen lenkten (Reframing), so unsere Hypothese, würde sich die Wahrnehmung der Zusammenhänge und Bedeutungen verändern.

In einem Gespräch mit den beiden Hauptakteuren entwickelten wir gemeinsam die aus ihrer Sicht wirkungsvollste personelle Zusammensetzung der für die strategische Fragestellung relevanten Kommunikationssysteme. Entscheidend ist dabei eine *kollaborationsethische Grundhaltung*, die den Beteiligten, nicht den externen Beratern, die primäre Kompetenz zur Konstruktion der relevanten Diskurse zuschreibt. Wie Deissler hervorhebt, kann es im Beratungskontext »keine *a priori Systeme* geben, die irgendwo in der Welt der Familienunternehmen umherirren und darauf warten [...] mit einer wie immer gearteten Lösung ›beglückt zu werden‹« (vgl. Ressource S. 45). Auf Grundlage der Genese des Beratungsmandats sowie der Hypothesen, die wir als Beratersystem aus den Vorgesprächen generiert hatten, wurden – insoweit allerdings wenig überraschend – die Systeme Familie, Externe und deren Überschneidungsbereich als relevante Kommunikationssysteme identifiziert:

1. *»Familie«:* zwei Eigentümer (Brüder), Geschäftsführer (einziger Sohn von Bruder A)
2. *»Externe«:* Vertriebschef, drei weitere langjährige Führungskräfte aus der ersten Ebene unterhalb der Geschäftsführung
3. *»Strategiearbeiter«:* Geschäftsführer, Vertriebschef.

Die Gesprächsformen waren ebenso Diskussionsgegenstand mit den Hauptakteuren. Unsere Aufgabe als Berater sollte sein, zur Koordination und erfolgreichen Gestaltung der Gespräche durch Moderation[6] beizutragen. Wie Konrad Lorenz so treffend feststellte: »Gesagt ist nicht gehört, gehört ist nicht verstanden, verstanden ist nicht einverstanden«. Getreu diesem Motto entschieden wir uns gemeinsam mit Vertriebschef und Geschäftsführer für zunächst vier Schritte, um einer möglichst breiten Meinungsvielfalt und Reflexion um das diskurs-organisierende Thema »Strategieentwicklung« Raum zu geben (Abbildung 2). Entscheidend dabei war, dass sämtliche Gespräche im Beisein aller anderen Beteiligten stattfanden:

Schritt 1: Dialog innerhalb Kommunikationssystem »Familie«
Schritt 2: Dialog innerhalb Kommunikationssystem »Externe«
Schritt 3: »Reflektierendes Team« im Beratersystem[7]
Schritt 4: Dialog mit Kommunikationssystem »Strategiearbeiter« über die Dialoge

Abbildung 2: Start des Strategieprozesses in vier Schritten

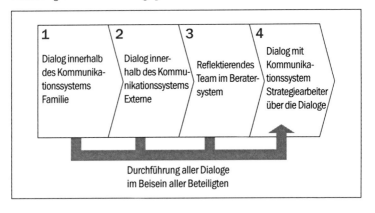

Die gewählten Dialogformen wurden von allen Teilnehmern, insbesondere aber von dem Vertriebschef und dem Geschäftsführer, als »erster Durchbruch« bzw. »als Lösen der angezogenen Handbremse« bezeichnet. Dies insbesondere deswegen, weil hier erstmals eine konstruktive Form der gemeinsamen Entwicklungsarbeit – als gezielte Musterunterbrechung in Abgrenzung zum wöchentlichen »Reporting« – erlebt wurde. Als beispielhaft für das Hörbarmachen einer solchen Multiperspektivität können die Kernaussagen in den jeweiligen Dialogen der Systeme »Familie« und »Externe« stehen: Mit der Fragestellung »(Warum)

Brauchen wir eigentlich eine Strategie – jetzt?« wurden höchst vielgestaltige Perspektiven aus der Latenz gehoben.[8] Es zeigte sich, dass der Vertriebschef, zuvor in ähnlicher Position bei einem an der Börse notierten Unternehmen beschäftigt, mit besonderer Intensität die Forderung nach einer »klaren Strategie« vorbrachte. Der Geschäftsführer nahm demgegenüber zur Notwendigkeit einer Strategie eine ambivalente Haltung ein, die vom Vertriebschef als hinhaltend und zugleich abwertend wahrgenommen wurde. In den Gesprächen wurde klar, dass sich hier ein ganzes Kaleidoskop von Wirklichkeitskonstruktionen überlagerte: »Strategie« stand für den Vertriebschef nicht nur als Synonym für die Suche nach individueller »Absicherung« innerhalb eines strukturlosen Zukunftsraumes. Strategie und ihre Sprache, die Sprache der Analysten und Kapitalmärkte (»eine Story«), bildete auch das vermeintlich Verbindende zwischen Vertriebschef und Geschäftsführer. Dieser wiederum erlebte den Diskurs gerade deswegen als ambivalent, weil er sich in einem Spannungsfeld zwischen in seiner früheren Tätigkeit als Berater erworbenem »Strategiewissen« und einer ganz anders erlebten, nicht strategiegetriebenen Wirklichkeit des Familienunternehmens wiederfand. Diese Wirklichkeit war von einer Eigentümer-Perspektive geprägt, welche die Abwesenheit einer allzu verbindlichen, expliziten Strategie – von jeher typisch für viele Familienunternehmen – für sich als Erfolgsmuster identifiziert hatte. Anders als für die neue, Kapitalmarkt zentriert denkende Generation war in der Vätergeneration das Bedürfnis nach einer fixierten Strategie praktisch nicht vorhanden – war man doch in der Vergangenheit durch eine Mischung von einigen Grundprinzipien, »Gespür« für Mögliches und Konzentration auf Kernkunden durchaus erfolgreich gewesen.

Im Rückblick würde die ausgehandelte Organisationsform der Gesprächsprozesse also eine »Quasi-Schlüsselintervention«[9] in dem gesamten Beratungsprozess darstellen. Erstmals wurde den in unterschiedlichen Kommunikationssystemen agierenden Beteiligten über nicht-hierarchische Gesprächsformen ermöglicht, andere Sichtweisen anzuhören, zu kommentieren, zu reflektieren und somit die Blockaden für ein gegenseitiges Verstehen aufzubrechen. Zugleich aber war deutlich, dass dies nur ein erster Schritt sein konnte. Im Fokus standen nach wie vor Umfang und Inhalt der Strategieentwicklung, und hier hatte man sich aus der von uns praktizierten Kombination von Fach- und Prozessberatung eine erhöhte Erfolgschance ausgerechnet.

Schritt 3: Kollaborative Konstruktion und Fachexpertise

Als Berater haben wir eine entsprechende Doppelfunktion wahrgenommen, ohne die systemische Position zu verlassen. Betrachten wir zunächst die Rolle des systemischen Beraters: Seine Aufgabe ist es, systemische Perspektiven in den Entscheidungsfindungsprozess einzubringen. Er lenkt durch seine Fragen das Interesse auf Aspekte, die aus systemtheoretischer Perspektive relevant für den Erfolg des Unternehmens sind. Simon bringt es auf den Punkt: »Was kann ungestraft weggedacht werden? Was muss auf jeden Fall mitbedacht werden?« (Simon 2004: 323) Natürlich ist es nicht der Berater, der die Entscheidungen trifft, aber er hilft den Verantwortlichen implizit doch, die Komplexität, die einen Entscheidungsprozess erschwert, in zielorientierter Weise zu reduzieren. In diesem Sinne steht aus unserer Perspektive weniger der inhaltliche Beitrag im Vordergrund, sondern vielmehr die Haltung, mit welcher der Berater – auch mit Fachexpertise – seine Klienten unterstützen kann.

Stellt der Berater sich mit seinem Wissen und seinen Kenntnissen in den Dienst der Förderung des Beratungsprozesses, nimmt er also eine dem Gesamtprozess »dienende Rolle« (vgl. Ressource S. 37) ein, kann er auch Angebote aus Fachexperten-Sicht machen, die »mitbedacht« werden könnten. Dies ist im Kern durchaus kompatibel mit einer systemischen Haltung, die Harlene Anderson mit »Nicht-Wissen« bezeichnet. Gemeint ist damit nicht etwa, dass der Berater frei von eigenen Ideen, Meinungen und Vorstellungen zu sein habe – »Das ist alles unmöglich!« –, sondern dass er frei von »fertigen Wahrheiten« und »absolutem Wissen« sein sollte. Ein Selbstverständnis als »Besserwissender« widerspricht dieser Haltung grundsätzlich: »Wir müssen uns in Frage stellen lassen und uns selbst in Frage stellen. Wir sollten uns auf ein dialogisches Wechselspiel einlassen können, das eine gleichberechtigte und gemeinsame Suche nach Verstehen fördert.« (Anderson 1999: 164ff.). Das Angebot von nicht a priori im Klientensystem vorhandenem Wissen ohne Anspruch auf Deutungshoheit oder Bewertung kann also – gegründet auf einer entsprechenden Haltung – ein »geteiltes Expertentum« im Berater-Klienten-System fördern.

Das klassische Inventar der strategischen Analytik, Instrumente wie Stakeholder-Analyse, Michael Porters Wettbewerbskräfte, Boston Box, Benchmarking oder Szenario-Techniken (um nur einige zu nennen) bilden vor diesem Hintergrund nicht mehr als ein notwendiges Fundament für den Strategieprozess. Für den Erfolg des hier beschriebenen

Prozesses ist aber entscheidend, mit welcher Haltung diese Instrumente durch den Berater in den Prozess eingebracht werden. Dem Expertenansatz in der Fachberatung wird von Klientenseite häufig leider zu Recht der Vorwurf gemacht, durch vermeintlich überlegene Analytik Lösungen vorzugeben: Strategische Konzepte werden hier aus einer Expertenhaltung heraus in einer »zwingenden« Logik präsentiert, die scheinbar nur noch eine – bereits vorgedachte – Lösung zulässt. Darauf aufbauend, werden lineare Programme und Projekte aufgesetzt, die versprechen, quasi mechanistisch die diagnostizierte strategische Lücke zu überwinden. In Abgrenzung zu dieser Form von Beratung ist die im Fallbeispiel praktizierte Beratung von einer genuin systemischen Haltung getragen: Ziel war es, als Fach-Ressource der Organisation ein Bündel von Hypothesen anzubieten und dem Unternehmen auf diese Weise neue Suchräume zu eröffnen (Wimmer/Domayer/Oswald/Vater 2005: 118ff.). Wir verstehen die Instrumente der Strategiearbeit also vor allem als alternative Angebote an den Klienten, um eine Vielfalt bisher unbeschriebener Wirklichkeiten für sich zu erschließen.

Im vorliegenden Fall wurden die mit Hilfe strategischer Instrumente entwickelten zusätzlichen Perspektiven als Angebote in einen gemeinsam ausgehandelten Kommunikationsprozess eingebracht. Die Architektur des Gesamtprozesses, wiederum durch uns moderiert, war dabei in vier Schritten in Form einer systemischen Schleife angelegt (Abbildung 3):

1. Den Ausgangspunkt bildete die gemeinsame Reflexion über die strategische Ausrichtung mit Geschäftsführer und Vertriebschef, in der auch externes Fachwissen zur Perspektiverweiterung beitrug.
2. Die Reflexionen und Resonanzen des Dialogs wurden zunächst in dem System »Familie« gespiegelt und diskutiert.
3. Dann folgte die Spiegelung des Dialogs zum System »Externe«.
4. Schließlich wurden die Reflexionen und Resonanzen dieser Systeme wiederum im System »Strategiearbeiter« von Geschäftsführer und Vertriebschef aufgenommen und bildeten so den Ausgangspunkt für die nächste systemische Schleife. Innerhalb unseres ca. dreimonatigen Projektes wurde dieser Prozess dreimal gemeinsam durchlaufen.

Abbildung 3: Strategieprozess als systemische Schleife

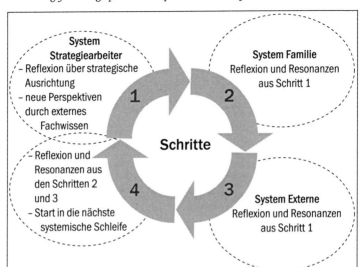

Das Ergebnis des ursprünglich anvisierten Strategieprojekts wurde von nahezu allen Beteiligten als »überraschend und wertvoll« charakterisiert. Denn die mit höchst unterschiedlicher Intensität wahrgenommenen Strategie- und Orientierungsfragen wurden nicht mit einem für die Organisation letztlich kaum anschlussfähigen Strategiepapier beantwortet. Den Kern der Lösung bildet vielmehr die Institutionalisierung eines Diskurses über Wirklichkeitskonstruktionen und Zukunftsvorstellungen zwischen den Beteiligten aller relevanten Kommunikationssysteme.

> Das Problem der »Strategielosigkeit« hat der Klient somit nicht mit einem expliziten strategischen Zukunftsszenario beantwortet, sondern mit einer Lösung der zweiten Ordnung: Mit einem reflexiven Prozess, der die Zukunft als wesenhaft offen begreift, durch gemeinsame Diskurse aber geteilte Zukunftskonstruktionen hervorbringt, die schließlich in konsistentes unternehmerisches Handeln münden. Diese prozessuale wie inhaltliche Offenheit und damit die »Abwesenheit einer allzu verbindlichen expliziten Strategie« hat sich »als eines der für Familienunternehmen charakteristischen Erfolgsrezepte bewährt« (Simon/Wimmer/Groth 2005: 227).

In dem Fallbeispiel sind wir als Berater also über Reframing, Einbindung relevanter Umwelten und die Koordination von Dialogen im Familien- und Unternehmenszusammenhang zur Eröffnung neuer Sichtweisen wieder zum Geschäftsproblem – der Strategieentwicklung – zurückgekehrt, das nun unter verändertem, angereichertem Blickwinkel von den Beteiligten angegangen werden kann.

> Die erzeugte Vielstimmigkeit bildet eine valide Ausgangsbasis für den »Strategieentwicklungsprozess« im Rahmen des konkreten Beratungsauftrags. Zugleich aber sind die Auswirkungen auf die langfristige Entwicklungs- und Lernfähigkeit des hier skizzierten Familienunternehmens nicht zu unterschätzen – als einer Organisation, die fähig ist, sich ihre Kommunikationssysteme und -muster bewusst zu machen, nachzuvollziehen und zu verändern.

Der Ausblick: Zur Relevanz postmoderner Beratungsformen in Familienunternehmen

Die Grundparadoxien eines Familienunternehmens lassen sich nicht lösen, entziehen sich also dem »problem solving«-Ansatz der klassischen Fachberatung. Ziel kann es nur sein, die Beteiligten dabei zu unterstützen, sich der Paradoxien in ihrem konkreten Fall bewusst zu werden, mit diesen zu arbeiten und kreative Lösungswege kollaborativ stets aufs Neue zu entwickeln. Die unlösbaren Grundparadoxien der Familienunternehmen machen einen kontinuierlichen Prozess des Aushandelns und der Interessenbalance erforderlich, der durch einen Beratungsansatz im Sinne Deisslers konstruktiv unterstützt werden kann. Mit Fokus auf eine postmoderne Auffassung von Beratung und eine kollaborationsethische Grundhaltung rückt Deissler einen Beratungsansatz in den Mittelpunkt, der gemeinsam mit dem Klienten verschiedene Kommunikationssysteme definiert, sie auf neuartige Weise miteinander ins Gespräch bringt und damit »unprätentiöse, selbstreflexive Transformationsprozesse« (Ressource S. 53) erzielt. Der Ansatz von Deissler stellt dabei nicht nur eine adäquate Sprache bereit, sondern bietet aus unserer Sicht auch einen praxisrelevanten Zugang zur Gestaltung von Transformationsprozessen in Familienunternehmen und darüber hinaus.

Und: Beratungsansätze zur Koordination von Vielstimmigkeit gewinnen gerade mit Blick auf das im Wandel begriffene Unternehmensumfeld, in dem Familienunternehmen sich heute bewähren müssen, eine besondere Relevanz. Die Globalisierung der Märkte und ökologische Rahmenbedingungen, ein zunehmender Verdrängungswettbewerb und Innovationsdruck, die Diffusion von Branchengrenzen und ein verändertes Führungsverständnis stellen das Management von Unternehmen vor hohe Anforderungen bei der Sicherung der Überlebensfähigkeit von Unternehmen. Die Bereitschaft der Unternehmen zur Selbstveränderung und die organisationale Lernfähigkeit werden somit auch für Familienunternehmen zum entscheidenden Erfolgsfaktor.

Anmerkungen

1 | Aus Gründen der Vertraulichkeit haben wir das vorliegende Fallbeispiel verändert. Die Konstruktion ist jedoch so gewählt, dass die beschriebenen Verhaltensweisen und Strukturen typischerweise von uns immer wieder in Beratungssituationen angetroffen werden.
2 | Zu den Prinzipien und Grenzen der Fachberatung mit ihrem expliziten Fokus auf »Geschäftsdynamik« s. Dierke/Houben 2006. In der Fokussierung auf Geschäftsdynamik ist die Welt des Unternehmens rational geordnet, quantitative Analytik ist die Leitwährung.
3 | Kets de Vries wendet den Begriff des »inner theatre« auf gesamte Organisationen an und bezeichnet damit jene grundlegende Sicht auf die Welt, die das Verhalten der Organisation maßgeblich beeinflusst und ihre Umgangsformen und Interaktionsmuster nach innen und außen bestimmt (Kets de Vries 1984).
4 | Baecker beschreibt die konstruktive Bearbeitung von Paradoxien treffend: Am Punkt der Oszillation zwischen dem Gegensätzlichen, so betont er, stellt sich das Phänomen ein, dass die eine Seite eines Gegensatzes der anderen Seite nicht nur widerspricht, sondern sie, qualifiziert durch den Widerspruch, informiert (Baecker 2005).
5 | Im Mittelpunkt steht hier nicht ein »klinischer Ansatz« mit Blick auf Pathologien in der Persönlichkeitsstruktur der Beteiligten (Kets de Vries 1996).
6 | Jeweils ein Vertreter des Beratersystems übernahm die Rolle des Moderators für ein System. Moderation meint dabei, durch Impulsfragen mit Blick auf den systemischen Kontext den Dialog im System zu ermöglichen.
7 | Das »Reflektierende Team« stellt eine Reflexionsform, hier: des Beratersystems dar, in der offen über das Gehörte und Wahrgenommene gesprochen wird. Die Reflexion orientiert sich dabei an Eckpfeilern wie Reframing, Perspektiverweiterung, Möglichkeitssprache, Wertschätzung etc.
8 | Die sehr viel weitergehenderen, persönlichen Gedanken mit Bezug auf das »inner theatre« innerhalb der Familie und mit Bezug auf die Rolle Externer, die

im weiteren Beratungsprozess immer wieder thematisiert wurden, lassen wir in dieser Fallskizze bewusst außen vor.

9 | Deissler weist darauf hin, dass diese Form der Beratungspraxis nicht eine Intervention im engeren Sinne darstellt, da sie sich die Erkenntnisse sprachlicher Kommunikationsabläufe zunutze macht (Deissler 1999).

Punktuelle Einmal-Beratung – eine Alternative?

Oder: Wie aus Verlegenheiten Gelegenheiten entstehen

Franz Josef Hunecke/Edeltraud Quinkler-Koch

Wege setzen sich aus einzelnen Schritten zusammen

In unserem Alltag kommt es immer wieder vor, dass wir in bestimmten Situationen einen Experten konsultieren – z.B. einen Steuerberater, wenn wir steuerliche Ratschläge benötigen. Ähnlich verfahren wir mit anderen persönlich bedeutsamen, ungewöhnlichen, aber auch alltäglichen Anlässen – etwa bei rechtlichen oder gesundheitlichen Anliegen und Problemen. Diese Situationen zeichnen sich u.a. durch Merkmale wie Neuartigkeit bzw. Fremdheit in unserem bisherigen Lebenskontext, hohe Beanspruchungskomplexität, Uneindeutigkeit oder Unabwägbarkeit aus. Verbunden damit sind in der Regel Gefühle der Verunsicherung, der Überforderung, der »Ratlosigkeit«. Meist werden diese Dienstleistungen dann einmalig oder nur in begrenztem Umfang in Anspruch genommen (auch wenn umfassendere Formen möglich sind).

Lässt sich diese Praxis der Einmal-Beratung, der punktuellen Konsultation auch auf die psychologische bzw. psychosoziale Beratung übertragen? Geht man bei anspruchsvollen professionellen Beratungsaktivitäten – sei es Coaching, Supervision oder verwandte Formen –

in der Regel von Prozessen aus, also von kurz- bzw. längerfristig angelegten Aktivitäten in einem geregelten Setting, so wollen wir hier eine Beratungsform beschreiben, die sich in unserer Praxis zu Beginn eher aus Zufall bzw. Verlegenheit entwickelt hat: die punktuelle Beratung.

Die positiven Rückmeldungen der Klienten und unsere eigene Zufriedenheit mit den Ergebnissen haben uns dann dazu veranlasst, einmalige, punktuelle Beratungen als eine eigenständige Beratungsform anzusehen. Die systematische Reflexion und Entwicklung unserer Arbeit hat uns darin bestärkt, dass das Gelingen, der Erfolg und die Zufriedenheit der Beteiligten nicht als zufällig zu betrachten, sondern entscheidend im Kontext der von uns praktizierten Haltungen und Techniken zu sehen ist.

Die erwähnte »Verlegenheit« geht darauf zurück, dass wir einmalige Beratungen im Zusammenhang mit unserem Forschungsschwerpunkt »Beratung von Familienunternehmen« zu günstigen Bedingungen angeboten haben, weil wir »praktische Feldforschung« betreiben wollten und sich dies mit unserer Vorstellung gemeinsamer Erfahrungen und Entwicklungen verbinden ließ. Zudem unterstellten wir vor dem Hintergrund unserer beruflichen Erfahrungen einen Bedarf an punktueller Beratung.

Unsere Beratergruppe, die »MarburgerBeraterGruppe«[1], hat sich in den fünf Jahren ihres Bestehens insbesondere mit der Beratung von Familienunternehmen beschäftigt. Wirtschaftliches Überleben und der Existenzkampf einer Firma stehen bei Selbstständigen häufig im Vordergrund. Kindererziehung, Qualität und Atmosphäre des Familienlebens sowie der gute Kontakt zum Mitarbeiterteam müssen oft hinter diesem Existenzkampf zurückstehen. Beratungsbedarf ergibt sich dann, wenn die Erfordernisse des Familienlebens mit ökonomischen Entscheidungen kollidieren bzw. sich wechselseitig beeinflussen. Dies kann zum Beispiel dann der Fall sein, wenn ein Betrieb expandiert oder an die nachfolgende Generation übergeben wird, bei der Trennung von Ehepartnern oder bei anderen emotionalen Konflikten, die sich wiederum auf ökonomische Prozesse auswirken.

Allein im Rahmen unserer Studien zur Beratung von Familienunternehmen haben wir gemeinsam ca. 15 Einmal-Beratungen von Familienunternehmen durchgeführt. Die Tatsache, dass es sich um *eine* Begegnung handelt, lässt sowohl Klienten als auch Berater in verstärktem Maße Prioritäten setzen. So haben wir festgestellt, dass das Beratungsanliegen, das Problem verdichtet wird. Durch die einmalige Gelegenheit ist die Fokussierung und Konzentration auf die zentralen Anliegen ausgeprägter als üblich. Sowohl Berater als auch Klienten nutzen ihre »einmalige Chance« zur Wahrnehmung ihrer spezifischen Interessen. Wie in der Ressource (S. 17ff.) ausgeführt, haben auch wir die Erfahrung gemacht, dass es nützlich ist mit den Klienten in einen gemeinsamen Entwicklungsprozess einzutreten, mit Formen des Gesprächs, die auf beiden Seiten das gemeinsame Lernen fördern und die Offenheit für verschiedene Sichtweisen erweitern.

In der Einmal-Beratung geht es konzentriert um das Verstehen, Fokussieren und Strukturieren des Anliegens. Zur Veranschaulichung führen wir zwei Fallbeispiele an, bevor wir diese Form detaillierter unter den Gesichtspunkten Entstehungsgeschichte, Wirkungsfaktoren und Gestaltungselemente vorstellen.

Zwei Fallbeispiele

Selbstverwirklichung in Partnerschaft oder/und Beruf

Fallbeispiel 1: Beziehung oder Geschäft?

Frau S., 45 Jahre alt, ist im Familienbetrieb, einer Gärtnerei, aufgewachsen. Sie hat diese zusammen mit ihren Geschwistern von den Eltern übernommen und weitergeführt. Ihr Mann hat während ihrer Ehe eine Werkstatt aufgemacht, in der sie vor allem die kaufmännischen Dinge geregelt hat. Nach der Trennung von ihrem Mann hat sie ihre Anteile an der Gärtnerei verkauft. Seit zwei Jahren lebt sie in einer neuen festen Beziehung mit H., 65 Jahre alt, Rentner, ehemaliger Geschäftsführer eines mittelständigen Unternehmens. Sie ist finanziell unabhängig und hat in ihrer neuen Beziehung ein ausgeprägtes und umfassendes Freizeitprogramm: ausgedehnte sportliche Fahrradtouren, innenarchitektonisch anspruchsvolle Gestaltung der gemeinsamen Wohnung, ambitionierte professionelle Gartengestaltung und -pflege, Kochen für Gäste mit einer ausgewählten Dekoration, spontane Kurzurlaube in der Toskana etc. Während ihr Partner sich in dem derzeitigen Zustand sehr wohl fühlt, bezeichnet sie sich als »nicht ausgelastet« und hat vor allem den Eindruck, dass ihre beruflichen Kompetenzen und Ambitionen brachliegen. Es stellt sich ihr die Frage nach der Gründung eines neuen Geschäftes, mit neuen Ideen und Akzenten. Sie ist sich aber gleichzeitig der damit verbundenen umfassenden zeitlichen Verpflichtungen

> bewusst, die sie zurückschrecken lassen und im Augenblick von ihrem Projekt abhalten. H. begegnet diesem Vorhaben ambivalent, sagt ihr grundsätzlich Unterstützung zu, distanziert sich aber auch gleichzeitig. Er macht sie auf die Nachteile, vor allem auf den Verlust an Spontaneität bei ihrer augenblicklichen Lebensgestaltung aufmerksam.

Im Zentrum des Beratungsgespräches stand diese Entscheidungssituation in ihren verschiedenen Facetten. Neben der Möglichkeit, die jeweiligen Ansichten und auch persönlichen Unterschiede in einer strukturierten, konstruktiven Form und Atmosphäre auszubreiten, entstanden im Gespräch – begünstigt auch durch die mit den Reflexionen verbundenen Perspektivwechsel und Anregungen – verschiedene Rückmeldungen und Ideen. So entwickelte sich als neue Geschäftsidee die Gründung eines Unternehmens, das sich auf die floristische, evtl. auch umfassende Ausgestaltung von Eröffnungen, Events, Empfängen etc. konzentriert.

Die klar umrissenen, besser zu steuernden und überschaubaren Aktivitäten schienen auch durch den Vorteil attraktiv, mit den verschiedenen Bedürfnissen und bisherigen geschätzten Lebensgewohnheiten vereinbar zu bleiben.

Frau S. und ihr Partner bezeichneten das Gespräch als sehr hilfreich und bereichernd. Sie hatten Gelegenheit, ihre Situation in Ruhe mit ihren widersprüchlichen Interessen und Bedürfnissen ausdrücklich zu beschreiben und zu reflektieren, dazu ihren Partner in einem geschützten und strukturierten Rahmen zu hören.

Durch die Reflexionen in der Gruppe konnten die unterschiedlichen Blickwinkel miteinander in Dialog treten und dadurch neue Lösungsmöglichkeiten eröffnet werden.

Vermischung von Familienleben und Geschäft

> Fallbeispiel 2: Geschäftsmann oder Erfinder?
>
> Herr H. ist ein 42-jähriger Unternehmer. Anlass der Beratung waren massive familiäre Konflikte; insbesondere beklagte er sich darüber, dass seine Ehefrau sich dauernd in berufliche Entscheidungen einmische.
> Während des Gesprächs wurde deutlich, dass der Arbeitsbereich von Herrn H. räumlich nicht abgetrennt ist von den Privaträumen: Er hat sein Büro mitten in der Familienwohnung und bei halboffener Tür findet keine Abgrenzung zum familiären Geschehen statt. Dazu kommt, dass Herr H. seine Tätigkeit als Erbe eines Unternehmens noch nie wertschätzen konnte. Er hatte immer den Wunsch, als Ingenieur, vielleicht sogar als Erfinder zu arbeiten; auf Anordnung des Vaters musste er aber Betriebswirtschaft studieren. Er hatte keinerlei Interesse an dem Studium und schloss mit nur mäßigem Erfolg ab.
> Inzwischen waren erhebliche finanzielle Probleme im Betrieb aufgetreten, nach Meinung der Ehefrau dadurch bedingt, dass Herr H. sich zu wenig um das Geschäft kümmerte. Der Büroraum in der Familienwohnung entsprach zudem nicht der Bedeutung des Unternehmens und beschränkte sich auf einen kleinen Raum.

Die Beratung war für Herrn H., so hatten wir den Eindruck, eine seltene Gelegenheit, über seine »heimlichen« persönlichen beruflichen Ziele zu sprechen. Zudem entstand, gerade durch die Anregung des reflektierenden Teams, für Herrn H. die neue Idee, seinen Arbeitsbereich vom Wohnbereich der Familie zu trennen, sich also außerhalb des Wohnraumes Geschäftsräume einzurichten, um damit seiner Unternehmenstätigkeit ein anderes räumliches und auch inneres Gewicht zu verleihen. Seine kreativen Fähigkeiten wollte Herr H. in eine umfassende Renovierung des Hauses einfließen lassen, die auch dem Betrieb, der dem Haus angegliedert ist, ein eigenes, vom ihm gestaltetes Bild geben würde, mit dem er sich identifizieren könne. Bei der Arbeit des reflektierenden Teams tauchte außerdem das Bild der OP-Schleuse auf. Dieses Bild verdichtete die Notwendigkeit, sich vor dem Eintauchen ins Familienleben der Arbeit zu entledigen. Es wurden weitere Ideen geäußert, z.B. für unterschiedliche Interessen verschiedene Zimmer zu nutzen; so könnte es ein »Erfinderzimmer« geben, damit Herr H. eine

Nische für seine ursprünglichen Interessen fände. Des Weiteren entstand die Idee, einen Geschäftsführer einzusetzen, an den er diverse ungeliebte Arbeiten delegieren könnte.

Herr H. war mit der Einmal-Beratung sehr zufrieden und äußerte, er könne sich einen Weg aus der Sackgasse vorstellen.

Zur Entstehung einer Beratungsform

Was kann passieren, wenn Fachleute, die in unterschiedlichen Arbeitskontexten beraterisch, therapeutisch, supervisorisch und auch als Fortbilder erfolgreich tätig sind, sich treffen, um in der kollegialen Reflexion, in der Vernetzung der Kompetenzen, Erfahrungen und Ressourcen nach Weiterentwicklungen zu suchen? Sie gründen eine Gruppe und betätigen sich – wie in unserem Fall – auch praktisch: Sie entwickeln ein Projekt, das getragen wird von der Lust auf eine gemeinsame Praxis mit neuen, erweiternden Perspektiven.

Ziel war dabei auch eine praxisbasierte Vergewisserung gemeinsamer Grundannahmen. Uns leitete dabei u.a. die Hypothese, es gebe anspruchsvolle, schwierige, belastende, auch krankmachende Situationen, die im Kontext von persönlichen emotionalen sozialen Beziehungen (Familie, Verwandtschaft, Team, Arbeitsstelle) und damit verwobenen geschäftsmäßigen Verbindungen entstehen. Eine besondere Dimension bekommt dies in Familienbetrieben, einer oftmals scheinbar genetisch fixierten »Schicksalsgemeinschaft«.

Bei der kollegialen Reflexion von Anfragen, Beratungsanliegen und Prozessen aus unserer beruflichen Praxis (Therapien, Supervisionen, individuelle Beratungsanlässe usw. in unterschiedlichen Berufsfeldern) tauchten immer wieder Problemstellungen auf, die sich aus der Verflechtung personaler (Leidens-)Geschichten und wirtschaftlicher Kontexte ergaben. Situative Verdichtungen und Zuspitzungen entstanden in Krisensituationen: Gründungsphasen, Expansion, Generationswechsel bzw. Nachfolgeregelungen, wirtschaftliche Schwierigkeiten, Veränderungen im Familiensetting (z.B. beim Heranwachsen der Kinder usw.).

Die wahrnehmbaren Folgen dieser Krisen führen einzelne beteiligte Personen in der Regel mit unterschiedlichen somatischen und psychischen Beschwerden in gewohnte Behandlungssituationen: zum Arzt, zum Psychotherapeuten, zur Erziehungsberatung etc.

Steht hier in der Regel die Person mit ihren persönlichen Problemen und in ihrem Lebenskontext im Fokus, so bietet die Einmal-Beratung in der beschriebenen Form eine erweiternde Möglichkeit. Die Konzentration auf die Verknüpfung der persönlichen mit der beruflichen bzw. geschäftlichen Situation bietet die Möglichkeit, dieses Verhältnis fokussiert zu besprechen und zu reflektieren. Sie kann zudem für Interessierte eine niedrigschwellige Zugangsmöglichkeit sein, um andere, neue Blicke auf Lebenskontexte und Anliegen zu werfen.

In der Praxis haben wir die Bestätigung für unseren Eindruck erhalten, dass es von den Menschen als hilfreich, unterstützend und anregend empfunden wurde, wenn Anliegen in einer besonderen Form besprechbar wurden, wenn unterschiedliche Blicke aus verschiedenen Positionen, wenn Reflexionen und Spekulationen im besonderen Raum der Beratung ermöglicht wurden. Dabei spielt unserer Erfahrung nach ebenfalls eine wichtige Rolle (und macht auch einen Unterschied zu anderen hilfreichen Beratungssettings), dass wir eine Form entwickelt haben, die es ermöglicht, unsere Kompetenzen als »Mehrzahl« von Personen, als Gruppe beraterisch zu nutzen. Wir haben den Eindruck, dass die reflektierende Gruppe hier eine zentrale Bedeutung und Rolle im Setting einnimmt.

Sie bietet neben der Funktion, vielfältige, bereichernde, angemessene und anregende Perspektiven, Ideen und Anmerkungen zu schaffen, auch eine durch die unterschiedliche geschlechtliche Zusammensetzung einladende Projektionsfläche und einen Resonanzkörper. Dies bekommt vor dem Hintergrund unserer Beobachtungen, dass geschlechts- bzw. rollenspezifische Konstellationen in Familienunternehmen ein bedeutsames, oft problemkonstituierendes und -erhaltendes Moment darstellen, eine besondere Bedeutung.

Zudem stellt sich die Reflexionsgruppe in ihrer Kommunikations- und Interaktionsstruktur als ein beispielhaft anderes Modell für Beziehungsgestaltung und Gesprächskultur im Vergleich zu gewohnten, alltäglichen Muster dar.

Ein weiterer Vorteil besteht für uns darin, dass wir den Klienten die einmalige, punktuelle Beratungssituation anbieten können – ein Angebot, das bei den Interessenten als niedrigschwelliger bzw. angemessener und akzeptanzfördernder angesehen wird. Sie ist zudem preisgünstiger und auch anschlussfähiger an andere bekannte Situationen mit Beratungscharakter (Arztbesuch, Steuerberater etc. – vgl. Einleitung).

Wichtig ist nach unserer Erfahrung, dass wir die Einmal-Beratung als eine »geschlossene« Form darstellen, d.h. eigenwertig und ohne Konnotationen z.B. von Unzulänglichkeit, Halbherzigkeit usw.

Beschreibung der Beratungsform und ihrer Gestaltungselemente

Die folgende Beschreibung orientiert sich an eingeführten und bewährten systemischen Arbeitsformen (vgl. dazu z.B. v. Schlippe 1999). Das Setting folgt der inzwischen üblichen Praxis: Es gibt einen Moderator (/Berater/Interviewer), der für die Gesamtprozessgestaltung und das Gespräch mit den Nachfragern zuständig ist (manchmal scheint uns diese Rolle auch treffender mit der eines Gastgebers wiedergegeben).

Des Weiteren gehört dazu eine Gruppe von Personen, die im Wesentlichen den bekannten Part des Reflecting-Teams einnehmen und in unserer Praxis aus lebens- und professionserfahrenen Kollegen und Kolleginnen bestehen (vgl. Andersen 1990).

Tabelle 1: Grundstruktur/Prozessstruktur der Einmal-Beratung

Phase	Merkmale/Akzentuierung	Fokussierte Beteiligte
Anfangsphase	Kennenlernen, klärende und Vertrauen fördernde Aktivitäten	Inteviewer, Gäste, Reflexionsgruppe
Interview	anlass-, anliegen- bzw. problembezogene Erörterung	Interviewer und Gäste
Reflexionsphase	Anmerkungen, Sichtweisen, Spekulationen, Ideen, Reflexionen, Resonanzen	Interviewer und Reflexionsgruppe
Metalog (Bateson) Dialog über den Dialog (T. Anderson)[2]	Austausch und Anknüpfen an Ideen und Äußerungen der Reflexionsphase	Interviewer und Gäste
Ausklang, Abschlussrunde	persönlicher Austausch, dialogbasierte Kommunikation, Reflexionen, Anmerkungen	Interviewer, Gäste, Reflexionsgruppe

Die Verlaufsform geht von einer Anfangsphase mit hilfreichen kommunikativen und strukturellen Setting-Angeboten aus, die zu einer vertrauensbildenden Atmosphäre eines angemessenen Kennenlernens, kooperativen Klärungen und Vereinbarungen einladen und beitragen sollen.

Nach einer anlassfokussierten Gesprächsphase, die von der Leitung des Moderators gekennzeichnet ist, folgt eine Reflexion innerhalb der Gruppe.

Danach besteht in der Regel die Gelegenheit für Rückmeldungen, Anmerkungen und Klärungen.

Eine anschließende Sequenz bietet für alle die Möglichkeit zu einem gemeinsamen, erweiternden Gespräch, das in dialogischer Form und in symmetrischer Atmosphäre geführt werden sollte. Hierzu gehört auch ein Ausklingen des Gespräches. Der Interviewer hat dabei die Funktion eines dezenten Moderators.

Als ein günstiger zeitlicher Grundansatz haben sich für uns – variierend je nach Gruppengröße und nach Umfang der Beratungsvorstellungen – zwei bis drei Stunden erwiesen.

Als unterstützende und hilfreiche Leitideen für die grundlegende Haltung und daraus folgend auch für die eingesetzten Gestaltungselemente haben sich die bekannten, hier nicht näher ausgeführten Ansätze bewährt:

- Lösungsorientierung (vgl. z.B. de Shazer 1989),
- Ressourcenorientierung (vgl. z.B. Bamberger 2001),
- Wertschätzendes Erkunden (vgl. Gergen 1999; Deissler/Gergen 2004),
- Dialogansatz (Bohm 1998; Hartkemeyer/Hartkemeyer 1998; Ressource).

Hervorheben wollen wir aufgrund unserer positiven Erfahrungen den Ansatz des »Wertschätzenden Erkundens«.

Zusammenfassung

Wir arbeiten in unseren beruflichen Alltagskontexten in der Regel in längerfristigen Prozessen und erleben die zuvor beschriebene Form als eine sehr willkommene und hilfreiche Bereicherung unserer Arbeit. Die konstruktiven Aspekte der Lebens- und Beziehungsgestaltung, die Gelingensfaktoren in den Aufmerksamkeitsmittelpunkt stellen, eine Haltung der gegenseitigen Wertschätzung ausdrücken und eine vertrauensvolle Atmosphäre schaffen, sind wichtige Faktoren, die anregende Impulswirkungen haben und neue Sichtweisen und Entwicklungsmöglichkeiten begünstigen.

Die Einmaligkeit und Begrenztheit der Einmal-Beratung hat als einen wichtigen Effekt eine Konzentration auf das Wesentliche, die Erhöhung der Achtsamkeit auf den Moment.

Die Auseinandersetzung mit der Form der Einmal-Beratung hat bei uns auch Assoziationen an die literarische Form der Kurzgeschichte ausgelöst. Hier wie dort wird die große Welt, werden die »großen« Lebensthemen in konzentrierter und fokussierter »kleiner« Form dargestellt, Akzentuierungen und Perspektivenerweiterungen vorgenommen, Ideen und Phantasien angeregt.

Anmerkungen

1 | www.marburger-beratergruppe.de

2 | Vgl. ergänzend die Auffassung Deisslers, dass sich »Gespräche im Dialog« befinden (Ressource S. 45ff.).

Systemische Beratung von Familienunternehmen – ein Erfahrungsbericht

IRIS MAASS

Der/die mittelständische Unternehmer/in: einsam mittendrin?

Systemische Beratung bleibt noch immer weitgehend auf den psychosozialen Bereich begrenzt. Als ich meine Ausbildung als systemische Beraterin abschloss, wollte ich aber die eingeübte Haltung und die Art, Gespräche zu organisieren, im Kontext von gewinnwirtschaftlich organisierten Unternehmen nutzbringend anwenden.

Zur selben Zeit machte ich über meine Audits als ISO 9001-Qualitätsauditorin die Erfahrung, dass gerade Inhaber kleinerer Betriebe, wie es Familienunternehmen nicht selten sind, es schätzen, wenn sich eine außenstehende Person als Gesprächspartner auf Augenhöhe zur unternehmerischen Situation einbringt. Die bei Großunternehmen häufig anzutreffende Nachfrage nach Spezialisten für bestimmte Beratungssysteme schien hier nicht vorhanden. Einer meiner Klienten gestand mir: »Wissen Sie, ich freue mich jedes Mal, wenn Sie und Ihre Kollegin kommen. Endlich kann ich einmal über alles mit Akademikern sprechen.« Die Bezeichnung Akademiker mag er auf die Schnelle gewählt haben – um auszudrücken, dass ein Gesprächpartner mit übergeordneter, neutraler Perspektive gewünscht war, der auch persönliche Themen souverän handhaben kann. Vor diesem Hintergrund schien das Angebot systemischer Unternehmensberatung sinnvoll.

Meine ersten Klienten in der systemischen Beratung waren Inhaber von Familienunternehmen. Dabei war am Anfang für mich nicht klar, aus welchen Ressourcen ich vorwiegend für die Beratung schöpfen würde. Denkbar war neben einer systemischen, gesprächsorientierten Beratung auch eine Expertenberatung zu Themen wie Qualitätsmanagement, Vertrieb und Marketing. Die Daseinsberechtigung von Beratern wird nach wie vor hauptsächlich daraus abgeleitet, dass sie erstens Erfahrungen mit vielen Unternehmen machen (also auch mit der Konkurrenz des Klienten), und zweitens fundierte, jeweils auf dem neuesten Stand befindliche Kenntnis aller erdenklichen Managementmethoden haben sollten (vgl. Ulfers 2004).

Demgegenüber steht die Auffassung in der systemischen Beratung, dass die Wirklichkeit im Miteinander hergestellt wird und die Kompetenz des Beraters darauf beruht, Erkenntnisprozesse und Dialoge in Betrieben bzw. beim Klienten anzustoßen (vgl. Deissler/Gergen 2004). Kunde und Berater bilden in der postmodernen Organisationsberatung eine Entwicklungsgemeinschaft, in deren zeitlicher Zusammenarbeit der Klient selbst lernt, systemisch zu denken und zu agieren.

Es fiel mir nicht leicht, diese postmoderne Haltung für mich anzunehmen. Der Klient erwartet zunächst, dass der Berater als Fachexperte eine Lösungsmöglichkeit nach gründlicher Analyse des Status Quo vorschlägt. Es bedarf ausreichenden Selbstbewusstseins und Vertrauen in sich selbst (und sein Netzwerk), um diese Expertenerwartung dahingehend zu wandeln, dass das fachliche Expertentum beim Klienten liegt und der Berater den Entwicklungsprozess flankiert, indem er den Klienten einlädt, mit ihm gemeinsam Lösungen zu konstruieren und zu schaffen. Dies ist ein interessanter und magischer Vorgang (vgl. Lynn Hoffmann 2002).

Wesentliches Argument für die Klienten, mich zur Beratung zu kontaktieren, war jedoch die Tatsache, dass sie sich innerhalb ihrer Firma und Familie nicht über ihre Probleme austauschen konnten und daher eine andere Form zur Reflexion wünschten und beraterischen Input suchten. Dabei war es ihnen wichtig, dass keine psychologische oder therapeutische Ausrichtung vorlag, sondern dass die Beratung als unternehmerische Fachberatung mit ganzheitlicher Betrachtung und persönlichen Coaching-Anteilen angeboten wurde.

Der Berater als Dialog-Experte

Ich arbeite als Einzelberaterin und biete ein Instrumentarium aus verschiedenen Fachrichtungen an. Zu den Gesprächen kann ich in die Räumlichkeiten des Kunden fahren oder wahlweise die Gespräche in meinem eigenen Gesprächsraum führen. Letztere Möglichkeit wird von den Klienten gerne genutzt, da sie – dann auch räumlich außerhalb ihres Unternehmens – die Gespräche ungestörter führen können.

Im Dialog mit dem Klienten ist es meine Aufgabe, positive Zielformulierungen zu finden und Verhaltensmuster mit zu entwickeln, durch die sich diese umsetzen lassen (vgl. auch Müller/Hoffmann 2002). Dabei wird mit Einwänden oder auftauchenden Problemen kreativ umgegangen. Metaphern, Vorbilder und verschiedene Interpretationsmöglichkeiten von Situationen oder Erlebnissen werden genutzt, um einen Wahrnehmungswandel beim Klienten zu ermöglichen. Insbesondere die Instrumente aus Steve de Shazers »Wege der erfolgreichen Kurztherapie« haben sich als sehr nützlich für die Gespräche mit den Klienten erwiesen (de Shazer 1999). Der Klient und ich betrachten insbesondere den familiären und beruflichen Kontext und versuchen, vorherrschende Deutungen zu dekonstruieren und neu zu entwickeln, um eine Veränderung des Verhaltens zu ermöglichen.

Die Gespräche können in Absprache mit dem Klienten auch auf weitere Kreise seines familiären oder beruflichen Beziehungsgefüges ausgedehnt werden. Diese Möglichkeit wird von den Klienten meist erst nach Etablierung einer positiven Zusammenarbeit und nach einer ersten Phase, in der Vertrauen in mich gefasst werden konnte, in Anspruch genommen. Zu Beginn herrscht der Wunsch vor, mit mir abseits der üblichen Alltagsöffentlichkeit verschiedene eigene Themen zu klären.

Fachberatung versus Prozessberatung

Mit Ausnahme allgemeiner Inputs zu einigen der obigen Themen wird eine explizite Fachberatung zu Managementtechniken, Organisationsthemen oder Vertriebsmaßnahmen im Verlauf des Beratungsprozesses in der Regel nicht in Anspruch genommen. Es stellte sich für mich heraus, dass Deisslers Annahme zutraf, dass gerade die Expertise zum Gesprächs- und damit Veränderungsprozess beim Klienten und nicht eine Fachberatung im herkömmlichen Sinne für den Kunden wichtig ist (vgl. Ressource S. 30). Die Klienten haben bereits Vorstellungen, wie Dinge einzuführen und zu regeln sind, können aber die gewünschte Umsetzung dieser Vorstellungen aus verschiedenen Gründen nicht realisieren. Zu Beginn der Beratung ist dies oft noch nicht so klar. Man erwartet von mir ein klares Feedback zu den geäußerten Ideen oder auch einen auf meiner Erfahrung beruhenden Alternativvorschlag. Fachliche Inputs dienen als Inspirationsquelle, jedoch kam es bisher trotz des zur Wahl gestellten Angebots von Qualitätsmanagement- und Vertriebsberatung bis hin zur Beratung über eine Balances Scorecard und andere klassische Tools der Unternehmensberatung nicht zu einer dezidierten Fachberatung. Die Klienten nehmen vielmehr gerne die systemische Beratung im Sinne eines gemeinsam erarbeiteten Veränderungsprozesses im Hinblick auf ihre Ziele an.

Bei sehr kleinen Unternehmen, die nur aus ein oder zwei Personen bestehen, läuft die unternehmerische Beratung nach meiner Vorstellung zwangsläufig auf eine persönliche Beratung hinaus, da der Inhaber die meisten Geschäftsfunktionen selbst wahrnimmt. Er/sie ist Chef, Mitarbeiter, Einkäufer und Verkäufer sowie Controller in einer Person. Für große Unternehmen erdachte Instrumentarien – beispielsweise zur Strategiefindung oder zum Controlling – können auf Einzelunternehmer oder Freiberufler nicht direkt angewendet werden, da es um eine Person, ihre Stärken und Schwächen und ihre momentane Verfassung sowie ihren Lebens- und Arbeitskontext geht. Zugleich wirkt sich eine veränderte Sicht- oder Verhaltensweise beispielsweise der Firmeninhaberin auch auf die restlichen Mitglieder der Organisation (oder im Falle einer Ein-Personen-Unternehmung auf das sie umgebende Klienten-, Partner- und Lieferantennetzwerk) aus. Königswieser spricht hier vom Mobileffekt: Wo immer man ansetzt, es wird sich auf die Gesamtheit auswirken (Königswieser/Hillebrandt 2005).

Fallbeispiel

Zur besseren Verdeutlichung der Praxis meiner systemischen Beratung möchte ich ein Fallbeispiel schildern:

> **Vater und Sohn als gemeinsame Geschäftsführer**
>
> Ein mittelständischer Handwerksbetrieb mit 35 Mitarbeitern wird von Vater und Sohn (Klient) geführt. Der Vater ist 69, der Klient 37 Jahre alt. Eine zeitliche und inhaltliche Nachfolgeregelung wurde noch nicht vereinbart, so dass beide zu gleichen Teilen Inhaber und Geschäftsführer des Betriebs sind. Diese Zusammenarbeit verläuft nicht so, wie der Klient sich dies wünscht. Die Situation wird zunehmend als belastend empfunden, der Klient kann nicht mehr abschalten und für die von ihm geplante Modernisierung des Unternehmens fehlt die Kraft, da ein Konsens mit dem Vater scheinbar nicht hergestellt werden kann. Darüber haben auch andere Beziehungen aus dem Umfeld des Klienten und seiner Familie gelitten.

Der Klient möchte sich in beruflichen wie privaten Gesprächs- und Kontaktsituationen besser abgrenzen können. In einem zweiten Schritt sollen die neu erlernten Techniken der Abgrenzung und Selbstbehauptung auch in konflikthaften oder sogar aggressiven Gesprächssituationen mit dem Vater und weiteren Familienmitgliedern angewendet werden können.

Auch bezüglich seiner Lebensgestaltung und der Balance zwischen Berufs- und Privatleben wünscht sich der Klient eine bessere Abgrenzung beider Bereiche. Er möchte sein Zeitmanagement dahingehend verbessern, dass er zu einem stärker strukturierten Tagesablauf gelangt, der klare Bereiche für Entspannung und Ausleben berufsferner Interessen vorsieht. Der Klient plant als erstes Ziel, selbst Freiräume für sich zu schaffen und diese auch akzeptieren zu können. Im zweiten Schritt sollen diese Freiräume unter Zuhilfenahme der erlernten Gesprächstechniken zur Selbstbehauptung und Abgrenzung auch gegenüber Mitarbeitern und Familie sowie weiteren Personenkreisen behauptet werden. Das Erreichen dieser Ziele ist für den Klienten Voraussetzung, um weitergehende Schritte hinsichtlich der Optimierung von Unternehmensstrategie und Arbeitsprozessen unternehmen zu können.

Es wurde gemeinsam definiert, dass das Coachingziel zum einen erreicht ist, wenn der Klient seine Vorstellungen und Kritik in Gesprächen mit seinen Mitarbeitern und auch seiner Familie in angemessener Weise äußern kann und seine Gesprächspartner auf seine Äußerungen reagieren; zum anderen ist das Ziel erreicht, wenn der Klient erkennt, dass er eine Auszeit benötigt und wenn er aktive Entspannung für sich selbst durchführen kann. Im Tages-/Wochenablauf sind dann Zeiten sowohl für berufliches Engagement als auch für Freizeit definiert. Während der definierten Freizeit ist der Arbeitsablauf so organisiert, dass der Klient sich aus der ständigen Erreichbarkeit ausklinken kann und auftretende Aufgaben von seinen Stellvertretern übernommen werden können.

Ausgehend von den Zielen, nahm in diesem Fall die Beratung ihren Lauf über folgende Themen:

- die Beschreibung der Ist-Situation in der »Betriebsfamilie« und des Wunsches, wie Arbeit und Familie gelebt werden sollen;
- die Betonung der Unterschiede in der Weltsicht und in dem Führungsstil zwischen Vater und Sohn (Klient);
- Todesfälle in der Familie und im Betrieb, die aus Sicht des Klienten auch auf zu große berufliche Belastungen zurückzuführen sind;
- die Frage, wo sich der Klient innerhalb seiner Familie sieht und wo ihn die anderen sehen;
- die Erarbeitung von Erfolgsfaktoren, um in kritischen Gesprächen gelassen zu bleiben;
- die Frage, was die Energie des Klienten erhöht, was sie vermindert und welche Auswirkungen dies auf den Arbeitsalltag hat
- die Findung und Erprobung verschiedener Ideen zum verbesserten Zeitmanagement (Einrichtung eines Notdienstes, Vertretungsplanung, Kommunikation mit den Mitarbeitern);
- die Lebensziele und der Lebensstil, den der Klient für sich verwirklichen möchte;
- die Beziehung zur Ehefrau und zum eigenen Kind;
- die Frage, wie räumliche Trennung von Arbeit/Familie und von Klient/Familie gelingen kann (Umsetzung verschiedener räumlicher Maßnahmen);
- die Trennung der eigenen Ehe; die Information der Familie; die Planung, Vorbereitung und Durchführung von Gesprächen in verschiedenen Konstellationen durch den Klienten in seiner Familie/ Firma;
- die Frage, wie Schuldgefühle verarbeitet werden können, ohne die Durchsetzung der eigenen Ziele zu gefährden;
- die Freizeitgestaltung;
- die Reflexion über erfolgreiche und als nicht nützlich empfundene Dialoge mit dem Vater; die Auswirkungen des väterlichen Führungsstiles im Betrieb; die Frage, wie der Vater geführt werden kann.

Im Laufe der Beratung an zehn Gesprächsterminen zu je 90 Minuten konnte auf einer Skala von 1 (sehr schlecht) bis 10 (sehr gut) eine Verbesserung der Bewertung der eigenen Situation von zu Beginn 4 auf 8 erreicht werden.

Zum Ablauf einer Beratung

In der Praxis hat sich für mich ein bestimmter Ablauf im Beratungsprozess bewährt: In einem ersten Telefonat wird die grundsätzliche Erwartung des Klienten hinsichtlich der Art und der Kosten sowie der Form der Beratung abgeklärt und entschieden, ob und wo ein gemeinsames Gespräch zur näheren Klärung von Inhalten und Abläufen stattfinden soll.

In diesem Gespräch beantworte ich Fragen des Klienten zu meiner Person und meinem fachlichen Hintergrund sowie zu meiner Arbeitsweise. Ich stelle Fragen zu seinen Anliegen und sondiere seine Situation, um mir ein Bild zu machen. Ich erkundige mich, welche Ziele der Klient mit der Beratung verbindet, ob er eine Vorstellung von der Vorgehensweise hat und welchen Zeitraum er für angemessen hält.

Ich bespreche auch wichtige Dinge wie Verschwiegenheit, Ausfall von vereinbarten Stunden und die formellen Aspekte. Schließlich nehme ich auch Stellung, welche Ideen ich zu einem möglichen Beitrag von meiner Seite habe und gebe vorsichtiges Feedback zu meiner Einschätzung der Situation. Am Ende dieses Gesprächs wird entschieden, ob die Beratung weiter fortgesetzt wird oder nicht. Es gibt auch die Möglichkeit, das erste Gespräch von formellen Aspekten freizuhalten, um dem Klienten einen Erfahrungseindruck der Zusammenarbeit zu ermöglichen (vgl. Hargens 2004); meiner Erfahrung nach gibt jedoch die gemeinsame Verhandlung auch des Formellen bereits diesen Erfahrungseindruck und schafft außerdem Sicherheit und Basis für den Klienten wie den Berater.

Im Nachgang lege ich alle Vereinbarungen und die Zielanliegen des Klienten, so wie ich sie verstanden habe, schriftlich nieder.

Beim zweiten Treffen wird diese schriftliche Vereinbarung noch einmal mit dem Klienten durchgesprochen, um sicherzugehen, dass ich seine Ziele richtig verstanden habe. Dies hat sich als sehr nützlich erwiesen, da zum einen eine klare, nachvollziehbare Auftragsklärung besteht, zum anderen die Aufzeichnungen immer wieder herangezogen werden können, um zu überprüfen, ob die Gespräche auf einem guten, also zielführenden, nützlichen Weg sind. Zum anderen habe ich festgestellt, dass die schriftliche Fixierung der Ziele des Klienten in zusammenhängender Form bereits einen wichtigen Einfluss auf die Mobilisierung der Veränderungsenergien des Klienten hat. Eine Klientin äußerte im Erstgespräch: »Ist Ihnen das, was ich sage, nicht alles zu wuselig? Ich habe das Gefühl, ich bin total chaotisch.« Beim ersten Versuch, die eigene Lage und Problematik zu schildern, hatten meine Klienten das Gefühl, sie befänden sich in einer verwirrenden und unklaren Lage. Die Formulierung ihrer Anliegen durch mich hatte eine aufbauende Wirkung: »So ist das also von einem Profi verstanden worden, was ich wollte. Wenn ich es so lese, klingt es sinnvoll.«

Schließlich starte ich im zweiten Gespräch schon mit dem ersten Thema, dass der Klient zuvor als am dringendsten bewertet hat oder über das er an diesem Tag sprechen möchte.

Familienunternehmenstherapie?

Die Entwicklung findet im Gespräch statt: »Warum ist dieses Ziel wichtig? Was fehlt Ihnen, um es zu erreichen? Wenn Sie das Ziel schon erreicht hätten, woran würden Sie dies merken?« Es ist wichtig, die Absicht hinter der Absicht zutage zu bringen (vgl. Müller/Hoffmann 2002).

Im weiteren Verlauf der nächsten Gespräche arbeitet sich der Klient zu immer persönlicheren Themen vor. Oft werden erst einige sachorientierte Gespräche benötigt, bevor der Klient beginnt, immer stärker auf seine persönliche Entwicklung und die Klärung seiner Beziehungen einzugehen.

Die Verknüpfung von Familie und Arbeit bringt solche Themen in starkem Maße hervor, und diese Konflikte können nicht im privaten Bereich (eben der Familie) oder auf der Arbeitsstelle besprochen werden. Fachberater wie z.B. Anwälte oder Steuerberater decken nur einen Ausschnitt des Beratungsbedarfes ab, und auch gelegentliche Exkurse dieser Fachberater als Ratgeber für Beziehungsangelegenheiten bringen nicht den gewünschten Erfolg. Ein Klient argumentierte: »Wenn ich da in die Tiefe der Problematik gegangen wäre, hätte es womöglich unserem Verhältnis zum Steuerberater mehr geschadet als dass wir einen wirklichen Nutzen in Form der Lösung unserer familiären Konflikte davon gehabt hätten. Das wollte ich nicht riskieren.«

Dies macht den systemischen Prozessexperten zu einem wichtigen Baustein in der Beraterlandschaft. Ich wage sogar zu sagen: *Systemische Beratung ermöglicht Familienunternehmenstherapie, was wiederum die entscheidende Voraussetzung für eine gelungene Weiterentwicklung des Unternehmens sein kann.* Die Erkenntnis, dass Bedeutung von Situationen, Erfahrungen, Zukunftsplänen, Beziehungen nicht in irgendeinem findigen Kopf, sondern im Dialog geschaffen werden, muss sich in den meisten Organisationen allerdings erst noch durchsetzen (vgl. auch Leriche 2005).

Qualitätssicherung der systemischen Beratung

Die Qualitätssicherung für die Beratung wird durch regelmäßigen Abgleich mit den vereinbarten Zielen gewährleistet: »Haben wir diesen Punkt erreicht? Was fehlt noch? Hat sich das Ziel verändert?«

Aus den Reflexionen im Gespräch ergeben sich in der Regel konkrete Vorhaben, die der Klient in seiner Firma oder in seinem Verhalten umsetzen möchte. Diese Umsetzung und sich möglicherweise daraus ergebende Schwierigkeiten werden ausführlich besprochen und durch mich nachverfolgt. Der Klient beschreibt dies als positiven Druck, der ihn zusätzlich bewegt, die Vorhaben auch umzusetzen.

Dies wiederum ist für den weiteren Verlauf der Gespräche nützlich, da auf Erfolge und den sie ermöglichenden Kontext zurückgegriffen werden kann: »Was hat bewirkt, dass Sie hier erfolgreich sein konnten?«

Konnten Vorhaben nicht umgesetzt werden, ist auch dies ein wertvoller Ansatzpunkt für mich, da wir dann Handlungsalternativen oder eine Neubewertung von Zielen erarbeiten können (vgl. Neubeiser 1992).

Die Qualitätssicherung der Beratung findet auch in jedem Gespräch als in sich abgeschlossener Einheit statt. Zu Beginn wird die Erwartung für jedes Gespräch geklärt. Auch die Gesprächsform wird verhandelt, sofern noch weitere Personen am Gespräch teilnehmen. Bei Inputs, am Ende von Gesprächen oder bei neuen Gesprächssituationen mit weiteren Personen erfrage ich beim Klienten dessen Bewertung.

Im Nachgang zu jedem Gespräch bereite ich die erarbeiteten Themen nach und reflektiere auch meine eigene Beteiligung im Gespräch: Wie habe ich mich gefühlt? Warum war dies so? Was ist gut gelaufen und was will ich beibehalten? Was hat mir nicht gefallen und wird geändert? Was hat mich besonders interessiert? Was will ich dazu noch wissen? Was hat mich nicht interessiert und warum?

Nützlich ist es auch, zeitweise eine Qualitätssicherung durch Hinzuziehen eines weiteren Beraters/Kollegen durchzuführen. Im Qualitätsmanagement spricht man hier von »Monitoring« oder »Witness audits«, in den psychosozialen Berufen von »Supervision«, sofern die Reflexion außerhalb des Klientengesprächs erfolgt. In der systemischen Beratung ist es auch möglich, dass eine Reflexionsphase über das Gespräch und den Berater in das Klientengespräch integriert wird (vgl. Deissler 1997).

Alle diese Maßnahmen tragen dazu bei, dass sich im Beratungsprozess das Wechselspiel Beraterin/Klient immer besser aufeinander einstimmt und so für den Klienten maßgeschneidert und hilfreicher wird.

Systemische Beratung in der Wirtschaft: Noch in den Kinderschuhen – aber ein vielversprechender Ansatz!

Die hier geschilderte Form der Beratung ist im Wirtschaftsleben noch nicht sehr etabliert. Am ehesten ist sie über den Begriff »Coaching« zu vermitteln: Dies ist der Platz, an dem auch persönliche Schwächen und Gefühle zugelassen werden können. Trotzdem geht die systemische Beratung tiefer als ein Coaching. Letzteres stellt mittels Fragebögen, Screenings und rollenhaften Feedbacks mehr ein allgemeines Instrumentarium dar und geht nur an der Oberfläche auf die spezifische Situation und Bedürfnisse des Klienten ein. Zwar erhält er Anhaltspunkte, wie er einen Wandel im Hinblick auf ein erforderliches Profil anstoßen kann, wird jedoch im Prozess allein gelassen, indem gleich zu Beginn darauf hingewiesen wird, dass Coaching keine Psychotherapie sei. Der Klient erhält den Eindruck, persönliche Probleme sollten hier besser nicht ausführlich zur Sprache kommen.

Nach einer ersten Eingewöhnungsphase, in welcher der Klient lernt, dass es von der systemischen Beratung keine vorgefertigten Patentrezepte gibt, wird die hier dargestellte Beratung sehr gut angenommen.

Der Dialog mit dem Klienten wird auch bei Abwesenheit der Beraterin in den Gedanken des Klienten fortgeführt und hilft diesem, neue Verhaltensweisen für sich zu erkennen und auszuprobieren. Der Klient bekommt so mehr Halt und kann sich und seinen Kontext in angemessenen Entwicklungsprozessen verändern. Zugleich ist diese Form der Beratung auch für die Beraterin sehr spannend, da der Beratungsablauf nicht festgeschrieben ist und man eine andere Einsicht in die an der Firma beteiligten Menschen erhält als durch klassische Strategieberatung und auch Großgruppenprozesse der Organisationsberatung. Ich selbst finde dies befriedigender als die Durchführung eines altbewährten Beratungsschemas, das der Firma übergestülpt wird, weil es aus Erfahrung bei einem bestimmen Prozentsatz von Firmen als erfolgreich im Hinblick auf bestimmte Unternehmenskenndaten eingestuft wurde. Mir gefällt die durch die ›systemische Brille‹ gesehene Einzigartigkeit und Unverwechselbarkeit jedes Menschen, jedes Beziehungsnetzes und jeder Firma. Es ist das Gefühl, als nehme ich an etwas ganz Besonderem teil.

Da die systemische Philosopie aus der Familientherapie geboren wurde, ist die systemische Beratung gerade für Familienunternehmen, in denen familiäre Konflikte mit unternehmerischen Problemen einhergehen, die ideale Beratungsform, um eine Familienorganisation weiterzuentwickeln.

Wertschätzende Kooperation zwischen sozialpsychiatrischem Auftrag und familiären Pflichten. Ein Praxis-Bericht

BODO PISARSKY

Für Julia, Max und Isabel

Einige Überlegungen zur Einführung

Zu Beginn unserer Partnerschaft waren meine Partnerin als Psychologin und freiberuflich tätige Trainerin und ich im Rahmen meiner fortgeschrittenen Facharztausbildung als Assistenzarzt in der Kinder- und Jugendpsychiatrie beschäftigt.

Als nach einigen Jahren meine Frau entschied, sich beruflich neu zu orientieren, und ich eine bestehende Praxisgemeinschaft Ende der neunziger Jahre in eine sozialpsychiatrische systemisch ausgerichtete Praxis umwandeln wollte, entschlossen wir uns, unsere Partnerschaft auch auf die professionelle Ebene auszudehnen.

Die berufliche Zusammenarbeit mit meiner Frau erlebe ich als ein großes Privileg: Sie bietet uns genügend Flexibilität und auch die Möglichkeit, die familiären Belange bei der Erziehung unserer beiden Kinder im Alter von neun und sieben Jahren optimal zu gestalten. Dieser Chance begegnete ich von Anfang an mit großer Neugierde und sah sie auch als eine große Bereicherung für unsere Beziehung. Unsere Kooperation gestaltete sich sehr dynamisch in unterschiedlichen Phasen und mündete in der Bildung einer gemeinsamen Praxisleitung. Dieser Prozess wurde von einer gemeinsamen Supervision begleitet. Die professionelle Zusammenarbeit von Ehepartnern ermöglicht eine besondere Qualität und Intensität der »Koordination der Aktionen« und setzt das Abstecken und die Erarbeitung gemeinsamer Ziele voraus. Der gemeinsame Koordinationsprozess kann zum »Salz in der Suppe« einer Beziehung avancieren. Auch in der Vergangenheit hatte es im professionellen Bereich diverse gemeinsame Aktivitäten gegeben. Unser wichtigstes aktuelles gemeinsames Projekt, an dem alle Teammitglieder (vgl. S. 101) mittelfristig beteiligt sind, ist die Schaffung eines Qualitätsmanagement-Systems in der Praxis. Derzeit arbeitet das gesamte Praxisteam an der Erstellung eines Handbuches im Rahmen einer angestrebten Zertifizierung nach »QEP«.

Die kinder- und jugendpsychiatrische Praxis

Die Voraussetzungen

Ursprünglich wurde die kinder- und jugendpsychiatrische Praxis 1997 als Praxisgemeinschaft in Berlin-Kreuzberg in den Praxisräumen eines befreundeten praktischen Arztes gegründet. Die Idee einer familiären Kooperation entstand kurze Zeit später, als es mit der Kassenärztlichen Vereinigung in Berlin eine Sozialpsychiatrische Vereinbarung abzuschließen galt. Dieser Vertrag verpflichtet den sozialpsychiatrisch tätigen Arzt mindestens eineinhalb Stellen für kooperierende Berufsgruppen wie Psychologen, Sozialarbeiter, Ergotherapeuten, Logopäden oder Heilpädagogen zu schaffen und geeignete Räume für die multiprofessionellen Aktivitäten zur Verfügung zu stellen. Nicht nur in dem Anfangsstadium des sozialpsychiatrischen Projektes erschien es als sehr nützlich, sich der Kooperation meiner Frau als Psychologin in der Praxis zu versichern, und so wurde sie die erste Mitarbeiterin der Praxis mit einem flexiblen Gehalt. Die gemeinsame Tätigkeit als Leitungsteam der Praxis, die Elternrolle sowie die Ehe bilden das Spannungsfeld, in dem es gilt, konstruktive Wege zu finden. Die Erziehung der Kinder und das familiäre Klima erforderten jedoch stets eine sorgfältig abgestimmte gemeinsame Planung.

Obwohl eine ärztliche Praxis keineswegs als ein klassisches wirtschaftliches Unternehmen betrachtet werden kann, sollte auch diese Tätigkeit gut mit der Familie abgestimmt werden. Eine Praxis ist nicht nur in einem marktwirtschaftlichen Sinne kein ›klassisches‹ Unternehmen. Durch die vielen Reglementierungen der Kassenärztlichen Vereinigungen, wie z.B. das sog.»Individualbudget«, werden immer wieder wichtige grundlegende Marktmechanismen außer Kraft gesetzt. Außerdem hat jede ärztliche Praxis in der Regel einen Versorgungsauftrag zu erfüllen, der sich dem Gebot der Wirtschaftlichkeit anzupassen hat.

Das Versorgungsgebiet

Im Januar 2000 wurde unsere Praxis nach Tempelhof-Schöneberg verlegt und meine Frau übernahm als Psychologin die Leitungsfunktion des Teams. In unserem Bezirk leben ca. 340.000 Einwohner, d.h. ca. zehn Prozent der Berliner Bevölkerung. Etwas über 50.000 Einwohner sind Migranten. Davon leben fast 15.000 Bürger türkischer und ca. 3.500 polnischer Herkunft im Bezirk. Die Praxis versorgt neben Patienten aus Tempelhof-Schöneberg viele Patienten aus den Nachbarbezirken, v.a. aus Kreuzberg und Neukölln, aber auch aus dem Umland in Brandenburg. Wegen der vorhandenen Sprachkompetenzen gibt es immer wieder polnisch und italienisch sprechende Familien, die unsere Praxis gezielt aufsuchen.

Das Praxisteam

Das Praxisteam besteht derzeit aus einem Facharzt für Kinder- und Jugendpsychiatrie und -psychotherapie, zeitweise einem Assistenzarzt, drei Psychologen, drei Sekretärinnen, einer Raumpflegerin sowie derzeit zwei Praktikanten. Als Teamleitung wurde meine Frau mit der Aufgabe des Praxismanagements betraut. Zuletzt hatte sie den Status einer freien externen Mitarbeiterin.

Der Ansatz und die Arbeitspraxis

Die sozialpsychiatrisch ausgerichtete Praxis fühlt sich einem ganzheitlich ausgerichteten Ansatz verpflichtet. Der Mensch wird dabei als eine bio-psycho-soziale Einheit begriffen. Psychische Probleme und psychiatrische Symptomatik werden als Ausdruck eines gestörten Gleichgewichtes und/oder von Konflikten begriffen, die sich auf diese drei Bereiche auswirken können. Das Kind und der Jugendliche werden prinzipiell in ihrem Beziehungskontext gesehen. Neben Familie, Kindergarten, Schule und Hort wird auch der Freizeitbereich genauer analysiert. Vor jeder notwendigen Behandlung wird eine sachgerechte Diagnostik gemäß den Leitlinien (vgl. Leitlinien 2000) durchgeführt.

Das positive, sehr familiär geprägte Arbeitsklima in unserer Praxis wirkt sich in der Regel auch günstig auf die Zusammenarbeit mit den Patienten aus. Dies ist für unsere Arbeit besonders wichtig, da sich umgekehrt ein schlechtes Arbeitsklima negativ auf unsere Arbeit und bis in die Familie hinein auswirken könnte.

Die Arbeitsaufteilung auf der Leitungsebene umfasst die Verantwortung für die Gestaltung der fachärztlichen Tätigkeit. Hierzu gehören Gespräche mit Patienten, Abklärungen, Psychotherapien (Einzel- und Familientherapien), Elterngruppen, Anleitung des Personals, Supervision, Netzwerkarbeit sowie Weiterbildung.

Zu den Aufgabenbereichen des Praxismanagements gehören Personalfragen, Qualitätsmanagement, Finanzen (Versicherungen, Steuern, Überweisungen), Praxisausstattung, Praxispflege, Internetpräsenz[1], Weiterbildung und Elterntrainings. Eher selten ist die Zusammenarbeit im therapeutischen Bereich, die sich auf gemeinsame Familiengespräche erstreckt.

Supervision

Ein wichtiges unterstützendes Element unserer Teamarbeit ist die Supervision, die derzeit auf drei Ebenen stattfindet:

1. die von Prof. Siemes angebotene neuropädiatrische Fallsupervision, an der nur die Ärzte teilnehmen;
2. die von Dipl. Psych. Manfred Mickley durchgeführte psychologische Fallsupervision, an der die Psychologen und Ärzte teilnehmen;
3. die Leitungssupervision mit Dr. Klaus G. Deissler.

Ein wichtiges Ziel aller Formen der Supervision ist es, Lernprozesse im konstruktiven Dialog mit erfahrenen Kollegen zu ermöglichen, die das Wohl des Patienten und seine positive Entwicklung fördern und die therapeutische Beziehung reflektieren. Eine wichtige Voraussetzung dafür bilden eine positive Erwartung und Vertrauen an die Fachkompetenz des Supervisors.

Die Auswahl der Supervisoren in unserer Praxis orientierte sich an häufigen Fragestellungen und Problemen, die im Rahmen der Arbeit mit dem Patienten und der Teamarbeit entstanden sind.

Die Supervision findet in unserer Praxis als reflektierender Prozess in unterschiedlichen Subteams statt.

Die Fallsupervision bietet ein Forum für Dialoge und die Reflexion der Arbeit mit den Patienten; sie soll das Team v.a. mit spezifischen neuropädiatrischen, verhaltenstherapeutischen und testpsychologischen Kompetenzen ergänzen. Hier werden häufig Defizite und Schwierigkeiten thematisiert, die in der Arbeit mit dem Patienten auftreten. Es wird dabei nach Lösungsmöglichkeiten gesucht, die für Kinder und Jugendliche sowie deren Familien sinnvoll sein können.

Für die Leitungssupervision ist eine systemische Sichtweise besonders nützlich, da die Arbeits- mit der familiären Ebene häufig interferiert. Ein wichtiger Inhalt ist dabei die Entwicklung von Zukunftsperspektiven sowie die Optimierung der Kooperationsfähigkeit in der Leitung der Praxis. Diese Form der Supervision könnte perspektivisch auch mit dem gesamten Praxisteam durchgeführt werden.

Qualitätsmanagement in der Praxis

Die Bemühungen um Qualitätsmanagement stehen seit der Erweiterung unserer Praxis im Fokus unserer Aufmerksamkeit. Das Qualitätsmanagement soll uns in einem ersten Schritt helfen, alle wichtigen Vorgänge in der Praxis zu identifizieren, um dann transparente Verantwortlichkeiten regeln sowie Strukturen und Abläufe festlegen zu können. Dieser von dem gesamten Praxisteam getragene Reflexionsprozess stellt die Grundlage für die Bildung sinnvoller und zweckmäßiger Strukturen sowie ihre spätere Optimierung dar. Er soll die Prozesse der Praxisorganisation und -führung erleichtern und die Grundlage für eine qualitativ hochwertige Patientenversorgung und gleichzeitig die wirtschaftliche Effizienz schaffen. Es werden Qualitätsziele formuliert, die schrittweise umgesetzt werden. Das Qualitätsmanagement bietet auch die Möglichkeit einer einfachen Selbstbewertung der eigenen Stärken und Schwächen. Wichtige Themen sind dabei Patientenversorgung, Information und Patientensicherheit, Mitarbeiter und Fortbildung, Notfall- und Beschwerdemanagement, Praxisorganisation und Praxisführung. Die Zertifizierung ermöglicht durch eine externe Bewertung die Darstellung eigener Besonderheiten und Qualitäten. Wir haben uns für das am besten auf Arztpraxen abgestimmte Qualitätsmanagementsystem »QEP – Qualität und Entwicklung in Praxen« entschieden.[2] Die Entwicklung des Qualitätsmanagements ist als ein permanenter Prozess zu sehen und erfordert die aktive Mitarbeit aller in der Praxis Beschäftigten. Sie setzt eine Reihe von reflektierenden Prozessen in Gang, die der Optimierung der Arbeit mit selbst gesetzten und sinnvollen Zielen dienen.

Von der Besprechung zur Dialogkultur

Die auf der Grundlage der Kybernetik zweiter Ordnung entwickelten Konzepte, z.B. des Konstruktivismus, Konstruktionismus, Sozialkonstruktionismus und anderer postmoderner linguistischer Ansätze, betrachten eine Person nicht als ein neutrales und außerhalb des Systems stehendes Wesen. In dieser Perspektive konstruiert jeder Beobachter seine Wirklichkeit selbst. Jeder Mensch wird als Bestandteil eines Systems betrachtet. So ist es in diesem Zusammenhang vorteilhafter, von verschiedenen Kooperationsformen zu sprechen.

Die von Maturana geprägte These der Unmöglichkeit einer instruktiven Interaktion kann die Sichtweise der unterschiedlichen Kooperationsformen ergänzen und bereichern. Sie relativiert die lineare Sichtweise eines kausalen Wirksamkeitsmodells, das der Kybernetik erster Ordnung zugeordnet werden kann. In allen Fällen können Interventionen nur dann wirksam werden, wenn sie innerhalb eines Systems sinnvolle Unterscheidungen auslösen. Dabei ist es vorteilhaft, den Operationsmodus eines Systems zu berücksichtigen.

Die Konzepte der lösungsorientierten Kurztherapien auf der Grundlage der Kybernetik zweiter Ordnung lehren uns auch in den familiären und beruflichen Kooperationsformen, nicht die Schwächen und Defizite in den Vordergrund zu stellen, sondern sich an den Ressourcen und Kompetenzen zu orientieren. Die Vielfalt und die Möglichkeiten der in einer Praxis anfallenden Aufgaben lassen den meisten Mitarbeiter genügend Raum, ihre individuellen Fähigkeiten zur Geltung zu bringen.

Alle Denkprozesse werden von den Vertretern des Sozialkonstruktionismus (vgl. Gergen 2002) in einem geschichtlichen und gesellschaftlichen Kontext gesehen. Der Sprache wird dabei eine zentrale Bedeutung beigemessen. Alle gesellschaftlichen Bedeutungen, auch die sprachlichen, werden in Gemeinschaften erzeugt und entstehen in

Beziehungen. Vor diesem Hintergrund werden das Konzept des Selbst sowie die Kategorien der Wissenschaftlichkeit, der Vernunft und der Effektivität gesehen. Die Sprache nimmt in dem permanenten gesellschaftlichen Entwicklungsprozess eine Schlüsselrolle ein. Das Erlernen der Sprache bei einem Kind kann weitgehend mit dem Beibringen von »Realität« gleichgesetzt werden. Die Bedeutungen einzelner Wörter sind für das Kind noch nicht festgelegt. So ist z.B. die Idee des Selbst und der Vernunft im feudalistischen Mittelalter kaum denkbar gewesen und konnte erst durch die Struktur und Sprache einer modernen Gesellschaft entstehen. Die Bedeutungen einer Handlung oder eines Verhaltens werden immer durch den Kontext einer Gemeinschaft geprägt, in dem sie stattfinden. Die Bedeutung der Sprache in der Familie und am Arbeitsplatz erfordert eine mentale Flexibilität, die hilfreich ist, Ziele zu setzen, Dinge in Frage zu stellen und Grenzen zu überschreiten. Eine »Wahrheit« ohne (»Glaubens-«)Gemeinschaft ist nicht möglich. In der postmodernen Gesellschaft gibt es nur »Wahrheiten«, die meist für kleinere Gemeinschaften gelten. Nach dieser Erkenntnis ist es sowohl in der Familie als auch in der Arbeit wenig sinnvoll zu fragen, was wahr oder unwahr ist. Die wichtigere Frage lautet deshalb: »Was ist nützlich?« Dem Begriff der Diagnose z.B. liegen das Denken des Modernismus und das Korrespondenzdenken der Sprache zugrunde. Diagnosen können manchmal Etiketten darstellen, um eine bestimmte Ordnung aufrechtzuerhalten. Eine Diagnose ist demnach eine sprachliche Übereinkunft, die dazu dient, auf bestimmte Weise irgendein Verhalten oder Ereignis sinnvoll zu machen und zu kategorisieren (vgl. auch Gergen et al. 1997). In der Regel führen Diagnosen dazu, dass das betroffene Individuum behandelt wird und eine Legitimation für die Therapie und Behandlungsmaßnahmen entsteht. Jedes Individuum befindet sich in Beziehungen und im Austausch mit unterschiedlichen Gemeinschaften. Der systemische Ansatz kann dabei helfen, die Koordination der Beziehungen funktionaler zu gestalten und zu ordnen. Ein guter Kinder- und Jugendpsychiater, aber auch Eltern oder Partner werden in die Lage versetzt, die verschiedenen Stimmen wahrzunehmen und somit auch in verschiedene Theorien, Realitäts- und Sprachformen einzutauchen. Er ist ein wohlwollender Begleiter, der helfen kann, Bedeutungen zu schaffen. Er ist in dieser Weise an einer Rekonstruktion der Welt als interpersoneller Realität beteiligt. Die Beziehung hat eine zentrale Bedeutung, da wir als Individuen nicht in der Lage sind, aus Beziehungen herauszutreten. »Das Ding an sich« mit einer »intrinsischen Wahrheit« ist nicht existent, sondern es gibt nur die in

Beziehungen gegebenen Bedeutungen. Die Bedeutung der Wörter entsteht erst durch den Zuhörer. Die Gefühle als wichtiger Bestandteil von Beziehungen sind als ein wichtiger Teil eines relationalen Flusses zu betrachten.

Die Konzepte der zweiten Kybernetik können dazu beigetragen, eine ressourcen- und lösungsorientierte Sichtweise zu entwickeln und einen konstruktiven Dialog untereinander zu fördern. Die entsprechend den sich ändernden Anforderungen unterschiedlichen Formen von Teamsitzungen und Supervision schaffen eine Grundlage für die Förderung eines wertschätzenden Dialogprozesses (vgl. Deissler et al. 2004), die Lösung anfallender Probleme sowie die Entwicklung von Visionen. Sie sind wichtige Bestandteile einer wertschätzenden »Dialogkultur«.

In unserer Praxis wurden verschiedene Besprechungen und Foren der Zusammenarbeit etabliert, die helfen, unsere Arbeit besser zu regeln. Die sog. »Lerntage« dienen der Weiterbildung des gesamten Teams. Sie umfassen einen halben Arbeitstag und finden einmal vierteljährlich zu einem vorher vom Team ausgewählten Thema statt. Einmal monatlich gibt es ein gemeinsames »Teamessen« in einem eher lockeren und ungezwungenen Rahmen. Die zweiwöchentlichen »Arzt-Psychologen-Besprechungen« bestehen i.d.R. aus Fallbesprechungen und umfassen meist diagnostisch-therapeutische Themenkomplexe. Die monatlichen »Teamsitzungen« sowie »Leitungsbesprechungen« helfen, die organisatorischen Herausforderungen auf verschiedenen Ebenen zu bewältigen und die Vielfalt der Aufgaben besser zu koordinieren. Leiten bedeutet, aktiv am wertschätzenden Dialog teilzunehmen, Ziele vorzugeben und vorzuleben. Um Feedbackprozesse optimaler gestalten zu können, sind jährliche Mitarbeitergespräche geplant. Dabei soll eine Bewertung in Wertschätzung aufgehen. Die vielfältigen Besprechungen sollen Räume für die Entwicklung einer Gesprächskultur schaffen, in deren Zentrum der wertschätzende Dialog steht.

Familiengespräche

Auch im familiären Rahmen haben wir wöchentliche Besprechungen mit unseren beiden Kindern institutionalisiert. Unsere wöchentlichen »Familiengespräche« dienen dazu, positive und negative Erfahrungen und Erlebnisse der vergangenen Woche mitzuteilen, Regeln für das familiäre Zusammenleben zu entwickeln sowie die geplanten Wochenendaktivitäten zu besprechen. Nach Anlaufschwierigkeiten hat sich diese »ritualisierte« Form des innerfamiliären Dialoges bewährt.

Ist eine kinder- und jugendpsychiatrische Praxis ein Familienunternehmen?

Folgende Merkmale sprechen allesamt dafür, dass auch eine fachärztliche Praxis ein Familienunternehmen (vgl. Ressource) sein könnte:

- Die enge Zusammenarbeit mit meiner Frau als Psychologin im Rahmen der sozialpsychiatrisch ausgerichteten Praxis trägt alle Charakteristika einer Zusammenarbeit in einem zeitlich begrenzten Familienunternehmen.
- Das Leitungsteam der Praxis als Kern des Unternehmens wird von meiner Frau als Psychologin und mir als Facharzt für Kinder- und Jugendpsychiatrie und Psychotherapie repräsentiert.
- Für zeitlich begrenzte Tätigkeiten (z.B. Bürotätigkeiten) werden auch andere Familienmitglieder verpflichtet.

Dagegen sollte bedacht werden:

- Die Wahrscheinlichkeit, dass eine fachärztliche Praxis von der nachfolgenden Generation »übernommen« wird, ist – obwohl nicht gänzlich auszuschließen – eher gering. Die Übergabe der Praxis an unsere Kinder ist in unserer Zukunftsplanung nicht vorgesehen.
- Wichtige Posten in der Praxis werden durch fremde Personen ergänzt.

Resümee

Eine von Eheleuten gemeinsam geführte Praxis muss den Spannungsbogen zwischen der Realisierung wirtschaftlicher Interessen und Bewältigung familiärer Aufgaben sowie der Erziehung schlagen. Es gilt, im Rahmen der Praxis und der Familie für uns passende partnerschaftliche und konstruktive Formen der Zusammenarbeit zu entwickeln und die Besitzverhältnisse zu regeln. Hier tragen auf allen Ebenen wertschätzende Dialoge dazu bei, dass Bedeutungserzeugung und somit Wirksamkeit, professionelle Effizienz, familiäres Zusammenleben sowie Erziehung als konstruktive Interaktion gelingen können.

Anmerkungen

1 | Als »virtuelle Visitenkarte« ist die Praxis mit einer Website im Internet vertreten, die immer wieder aktualisiert wird: www.kinderpsychiatrie-praxis.de
2 | Vgl. www.kbv.de/qm.

Familienunternehmen und Beratung:
Paradoxien und Dilemmata

ARIST V. SCHLIPPE/TORSTEN GROTH

Wer sich eingehend mit Familienunternehmen beschäftigt, wird keineswegs mehr die früher vertretenen Meinungen wiederholen können, sie seien altmodisch oder nur Durchgangsphänomene hin zu einem börsennotierten Großkonzern. Zu kurz wäre es andererseits auch gegriffen, die Familienunternehmen undifferenziert als Erfolgsmodell auszuweisen. Angemessener ist es, von der Gleichzeitigkeit einer erhöhten Erfolgs- und Scheiternswahrscheinlichkeit auszugehen. Deshalb spricht man auch davon, dass Familienunternehmen janusköpfig sind (vgl. Wimmer et al. 2005: VI). Viele Familienunternehmen sind über Generationen erfolgreich, sie dominieren in ihren Nischen und behaupten sich am Weltmarkt; andere scheitern früh: am Festhalten an ehemaligen Erfolgsstrategien, an sich verändernden Marktbedingungen, an den Problemen der Nachfolge, an Gesellschafterkonflikten etc.

Wer diese Janusköpfigkeit verstehen will, muss sich zum einen mit der Koevolution von Unternehmen und Familie und zum anderen mit den daraus resultierenden Paradoxien beschäftigten. Sie sind es, die das erhöhte Chancen- und Risikopotenzial dieses Unternehmenstyps ausmachen. Die Steuerung der Koevolution und das Management der Paradoxien werden – so die These der folgenden Überlegungen – als Hauptaufgaben eines jeden Familienunternehmens und als Kern der Beratung dieses Unternehmenstyps betrachtet.

Definition von Familienunternehmen

Familienunternehmen entziehen sich einer eindeutigen Definition. Weder Rechtsform noch Größe erweisen sich als Distinktionsmerkmal gegenüber anderen Unternehmensformen. Durchgesetzt hat sich deshalb eine eher weiche Definition, nach welcher der bestimmende Einfluss einer (Eigentümer-)Familie auf die Geschäftspolitik eines Unternehmens das Spezifikum eines Familienunternehmens ist (z.B. Wimmer et al. 2005: 6). In kleineren familiengeführten Unternehmen ist dieser Einfluss sehr konkret und direkt, etwa wenn ausschließlich Familienmitglieder in der Gaststätte oder auf dem Marktstand tätig sind (vgl. Ressource S. 22). Hier fallen Familie, Eigentum und Geschäftsführung direkt zusammen. In größeren Unternehmen kommt es zumeist zu Aufspaltungen: Die Familie übt ihren Einfluss vermehrt aus ›entfernteren‹ Funktionen heraus aus, z.B. durch Bestimmung der Geschäftsführung, durch Vorsitz in Aufsichts- und Beiratsgremien und durch Vorgabe strategischer Grundausrichtungen. Garant für die Durchsetzungskraft der Einflussnahmen ist hierbei die Mehrheitsbeteiligung oder zumindest die größte Anteilseignerschaft am Unternehmen. Der Vorteil der weichen Definition (»bestimmender Einfluss der Familie auf das Unternehmen«) liegt darin, sowohl kleine Handwerksunternehmen als auch Großunternehmen (z.B. BMW, Haniel, Merck u.a.) erfassen zu können.

Von Zwei-System-Modellen zu Drei-System-Modellen

Wie schon eingangs erwähnt, gewinnen Familienunternehmen ihre Eigenart als Unternehmenstypus aus der engen Koppelung zweier Systeme, nämlich der Familie und des Unternehmens. Obwohl in der alltäglichen Praxis vielfach aufs engste verschränkt, stellen sie doch unterschiedliche Systeme mit je eigenen Rationalitäten dar. Schon früheste theoretische Überlegungen führten folgerichtig zu Zwei-System-Modellen von Familienunternehmen (vgl. Calder 1961; Donnelley 1964). Später dann ist dieses Modell erweitert worden, denn es zeigte sich, dass die Zweiteilung in Organisation und Familie nicht ausreicht, um die Komplexität von Familienunternehmen angemessen zu erfassen. »Many of the most important dilemmas faced by family businesses [...] have more to do with the distinction between owners and managers than between the family and the business as a whole« (Gersick et al.

1997: 5; vgl. auch Klett 2005: 81ff.). Gersick et al. unterscheiden entsprechend drei unterschiedliche Dimensionen:

1. »ownership developmental«,
2. »family developmental«,
3. »business developmental«.

Jede dieser Dimensionen folgt einer jeweils eigenen Systemlogik mit dazugehörigen eigenen Sprachspielen, zudem werden die Verbindungen zwischen diesen Dimensionen vielfach thematisiert (vgl. Ressource). Abbildung 1 zeigt diese Dreiteilung auf, ergänzt um die jeweils wichtigsten Problemfelder.

Abbildung 1: Blickwinkel auf Familienunternehmen. Ko-Evolution der beteiligten Systeme mit jeweils unterschiedlichen Rationalitäten

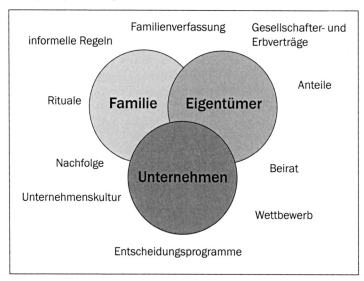

Die Stichworte in dem Schaubild, denen man noch viele hinzufügen könnte, geben einen Eindruck von der Komplexität des Managements eines Familienunternehmens. Immerfort sind juristische (Eigentum), ökonomische (Unternehmen) und emotionale (Familie) Logiken zu verknüpfen oder auch gegeneinander aufzuwiegen (vgl. Wiechers 2005). Gerade bei radikalen Veränderungen, z.B. in der Nachfolge oder beim

Verkauf, prallen die Logiken besonders aufeinander. Viele Ratgeber zur Nachfolge beispielsweise belassen es bei einer deskriptiven Aufzählung, was alles zu bedenken ist (der Senior soll sich möglichst frühzeitig mit der Nachfolge beschäftigen, die Junioren sollen mit eingebunden sein, juristische und steuerliche Aspekte sollen bedacht werden etc.). So richtig und wichtig diese Hinweise auch sein mögen, sie unterschätzen den Aspekt, dass in Familienunternehmen widerstreitende Eigenlogiken am Werke sind, für die es keine übergeordnete Rationalität gibt. Was juristisch angesagt ist, muss keineswegs unternehmerisch angemessen sein und schon gar nicht den familiären Erwartungen entsprechen. Nicht zuletzt deshalb wird die Nachfolge so lange es geht hinausgezögert und kommt es zu Tabuisierung. So unvernünftig diese immerfort beobachtbaren Phänomene zunächst auch erscheinen mögen – ein 75-jähriger Patriarch will nicht abtreten, die Juniorgeneration verschweigt ihr Desinteresse an einer Nachfolge u.v.a.m. –, auch sie stellen nachvollziehbare Reaktionen auf widersprüchliche Erwartungen dar.

Als äußerst fruchtbar erweist es sich, das Zusammenwirken von Familie, Unternehmen und Eigentum begrifflich zu schärfen. Erst so werden die Paradoxien sichtbar, die in der Praxis des Managements wie der Beratung eines Familienunternehmens existenzielle Bedeutung haben. Hierzu greifen die folgenden Ausführungen auf Erkenntnisse der soziologischen Systemtheorie (vgl. Luhmann 1984; ders. 2000) und der systemischen Beratung (vgl. v. Schlippe/Schweitzer 2004) zurück.

Unterschiedliche Funktionslogiken der drei Systeme

Die spezifische Art des Zusammenwirkens von Familie und Unternehmen und damit auch die besondere Leistung eines Familienunternehmens wird erst bzw. nur dann sichtbar, wenn beide[1] getrennt, als jeweils operational geschlossen behandelt werden (vgl. grundlegend Luhmann 1984: 63ff.).

Idealtypisch verkürzt, grenzen sich *Familien* gegenüber der Umwelt dadurch ab, dass sie sich einzig an der Kommunikation ihrer Mitglieder orientieren. Der Zugehörigkeit kommt hierbei eine große Bedeutung zu, sie ist durch die Geburt (oder Heirat) quasi schicksalhaft gegeben und nicht an die Erfüllung irgendwelcher Funktionen gebunden: Wer dazugehört, gehört dazu. Nicht die Aufgabe steht im Mittelpunkt einer Familie, sondern die einzelne Person mit all ihren Ängsten und Sorgen, Hoffnungen und Glücksmomenten.

Unternehmen hingegen grenzen sich von der Umwelt ab, indem sie auf zumeist formalisierten, zumindest aber routinisierten Wegen Entscheidungen an Entscheidungen reihen. Die Formalisierung der Organisation zielt darauf, Verhaltenserwartungen sachlich, zeitlich und sozial zu generalisieren: Nur so entstehen »Entscheidungsprämissen«, »Rollen« und »Institutionen« und insgesamt eine Verlässlichkeit, die das Fortbestehen eines Unternehmens garantiert (vgl. Luhmann 2000).

Bei Familien und Unternehmen handelt es sich – dies zeigt schon der kurze Blick auf die Grenzziehung – um grundverschiedene Sozialsysteme, die nach unterschiedlichen Mustern und Spielregeln »funktionieren« (s. hierzu ausführlich Simon 1999a/b; s.a. Simon et al. 2005: 35ff.). Während in Familien die Personen, ihre Beziehungen, Emotionen und langfristige Entwicklungsprozesse im Vordergrund stehen, sind Unternehmen eher Systeme, die auf der Basis von formalen Funktionen, personenunabhängigen Regeln und kurzfristigen Gewinnerwartungen operieren. Diametral entgegengesetzt wird jeweils mit dem »Personal« umgegangen. In Familien ist man quasi in einer nichtkündbaren Position, in Unternehmen hingegen wird auf Austauschbarkeit gesetzt. Eine Familie überlebt, so lange Nachkommen vorhanden sind, die für Nachkommen sorgen; ein Unternehmen überlebt, so lange es in der Lage ist, Produkte und Dienstleistungen anzubieten, die am jeweiligen Markt nachgefragt werden. Auch die Anerkennung läuft nach unterschiedlichen Spielregeln: Während beispielsweise in der Familie das Kindsein allein schon ausreicht, um Anerkennung zu erfahren, bedarf es in Unternehmen mindestens einer der Position adäquaten Leistung. Im Gegenzug wird Leistung auch nur in dem Maße erbracht, in der eine angemessene monatliche Entlohnung erfolgt. Ganz anders in Familien: »Es gibt kaum ein System, in dem einzelne Personen in gleicher Weise bereit sind, das Risiko einzugehen, dass ihre Opfer und Leistungen nicht entlohnt werden. In keinem anderem sozialen System gibt es vergleichbar viel Bereitschaft zur Selbstausbeutung [...] der Beteiligten« (Simon 1999b: 20). Die ›Entlohnung‹ – wenn man überhaupt davon sprechen kann – erfolgt zeitlich entkoppelt, sie wird auf zunächst unbestimmte Zeit verschoben (zum Teil in die nächste Generation), aber keineswegs vergessen. Dies zeigt sich zum Beispiel anhand konflikthafter Aufrechnungsprozesse unter Geschwistern, wer schon immer mehr für die Eltern geleistet habe und wem deshalb aktuell mehr zustünde (an elterlicher Anerkennung, an Erbstücken etc.).

In Familienunternehmen treffen nun die beiden hier äußerst verkürzt dargestellten Logiken aufeinander. Aus einer Perspektive gesellschaftlicher Differenzierung könnte man auch sagen, dass die Trennung von Haushalt und Betrieb, die v.a. Max Weber als Rationalisierungsschub für die Moderne hervorgehoben hat (vgl. Weber 1980), bei Familienunternehmen nicht vollständig vollzogen wurde. Gerade im kleineren Familienunternehmen zeigt sich dies besonders deutlich. Es gibt kaum eigene Familienzeiten, denn das Unternehmen »sitzt immer mit am Tisch«. Auch die Kinder spüren schon von klein auf, dass ihre Entwicklung immer auch auf die mögliche spätere Eignung im Unternehmen hin überprüft wird.

Es gehört zu den vielleicht am schwierigsten zu vermittelnden Besonderheiten von Familienunternehmen, dass in dieser spezifischen »Rückschrittlichkeit« oder auch in den »Verstrickungen« zugleich auch die Wettbewerbsvorteile der Unternehmen liegen. Nur in wenigen Ausnahmefällen ist die komplette beidseitige Trennung von Vorteil für das Unternehmen und die Familie. In der Regel hängt ihre Zukunftsfähigkeit davon ab, inwieweit es gelingt, die Familie als Ressource für das Unternehmen zu nutzen. Von dieser Integration erfährt dann auch die Familie eine zusätzliche Sinnstiftung. Dieses gegensätzliche Zur-Verfügung-Stellen von Ressourcen geht unvermeidlich einher mit paradoxen Organisations- und Familienphänomenen, wie etwa dem Widerspruch zwischen der Unkündbarkeit der Personen (Familie) und der Kündbarkeit von Personen (Unternehmen), oder der Gleichbehandlung der Geschwister (Familie) und kompetenzabhängiger Beschäftigung (Unternehmen). Bringt man beide Systeme zusammen, prallen unterschiedliche Rationalitäten aufeinander, so dass die Paradoxiebewältigung zur Überlebensfrage des Familienunternehmens wird.[2]

Ein dritter Aspekt rückt bei der starken Konzentration auf Familie und Unternehmen oftmals aus dem Blickfeld: das System »*Eigentümerschaft*«. Dabei ist es für das Management und die Beratung von Familienunternehmen unabdingbar, zwischen dem System der Gesellschafter und der Familie zu unterscheiden – auch wenn man meist davon ausgehen kann, dass die Eigentümer eine Subgruppe des Familiensystems darstellen (vgl. Simon et al. 2005: 20). Die Logik ihrer Kommunikation und Interaktion sowie ihre Entscheidungsfindungsprozesse sind von ganz anderen als den familiären Spielregeln und Entscheidungsprämissen bestimmt (z.B. von Anteils-Mehrheiten, Vertragstexten, Rechtsprechung usw.). Die starke juristische Prägung des Eigentümersystems, v.a. der Gesellschaftervertrag, macht die Einzigartigkeit dieses Systems aus. Gerade im Konfliktfall schlägt die juristische Härte oftmals Jahrzehnte alter Formulierungen durch. So lange sich Eigentümer einig sind, bedarf es keines kritischen Blicks in den Gesellschaftervertrag. Sobald aber Konflikte auftauchen, verengt sich alles auf juristische Fragestellungen. Wer bestimmt über die Höhe der Ausschüttung, wer über die Geschäftsführung etc.? Klauseln, die bei den meisten Gesellschaftern in Vergessenheit geraten waren, können nun evtl. dem klagenden Gesellschafter Möglichkeiten an die Hand geben, sein Eigeninteresse gegen das Interesse der anderen und damit auch gegenüber dem Unternehmen durchzusetzen. »Was das System der Eigentümer von der Familie als System unterscheidet, sind also nicht zuvorderst die eventuell unterschiedlichen Mitglieder, sondern die unterschiedlichen Spielregeln der Kommunikation und die diesen jeweils zugrundeliegende Logik. Am Rande von Gesellschaftertreffen besteht beispielsweise unter Familienmitgliedern durchaus Unsicherheit darüber, ob sie als nahe Verwandte oder als Gesellschafter kommunizieren. Viele Familienunternehmen trennen deshalb ganz bewusst den formellen vom informellen Teil der Treffen, damit für alle deutlich wird, ›welches Spiel gespielt wird‹« (vgl. Simon et al. 2005: 20).

Das Familienunternehmen ist also nicht nur geprägt durch die Koevolution von Familie und Unternehmen, sie hat es immer auch noch mit einem dritten System zu tun, das sich zwar meistens mehrheitlich aus Familienmitgliedern zusammensetzt, dabei aber weit stärker formalisiert und organisiert ist und Eigeninteressen verfolgt, die keineswegs mit denen der Familie und des Unternehmens übereinstimmen müssen – beim Streit über die Höhe der jährlichen Ausschüttung (Gesellschafter vs. Unternehmen) oder bei der Frage, welche Familienmitglieder Gesellschafter werden dürfen (Gesellschafter vs. Familie), werden die Unterschiede am deutlichsten sichtbar.

Im Folgenden werden wir uns auf die widersprüchlichen Verhaltenserwartungen konzentrieren, die sich für die Mitglieder aus der gleichzeitigen Mitgliedschaft in diesen unterschiedlich funktionierenden Systemen ergeben. Da die Nachfolge der Moment ist, in dem diese Paradoxien am deutlichsten erkennbar werden, konzentrieren wir uns im weiteren Verlauf anhand eines Fallbeispieles auf dieses Thema.

Praxisbeispiel: Ein Nachfolgekonflikt

> Ein 25-jähriger Mann sucht für sich und seine Familie um Beratung nach. Zwischen ihm und seiner Partnerin auf der einen sowie den Eltern auf der anderen Seite haben sich die Auseinandersetzungen immer mehr verschärft, seit die Eltern ihm vor einem Jahr vorgeschlagen hatten, in den Betrieb – ein erfolgreiches Tagungshotel mit 30 Mitarbeitern in einem deutschen Mittelgebirgsdorf, das sie selbst aufgebaut hatten – einzusteigen. Es gebe nun nur noch Missverständnisse, die gegenseitigen Verletzungen häuften sich, ein völliger Bruch drohe.

Das Gespräch wird mit großer Emotionalität und Heftigkeit geführt. Schnell kristallisieren sich die Vorwürfe auf folgende Aspekte: Die Eltern werfen dem Sohn vor, er wolle unter Umgehung des mühsamen Weges der Aneignung betrieblichen Wissens gleich in den Chefsessel. Er wolle es sich leicht machen, und dazu seien sie nicht bereit. Ihr Angebot hätte sich darauf bezogen, dass er erst einmal langsam in den Betrieb hineinwachsen solle. Der Sohn wiederum empfindet es als kränkend, zunächst in einem – wie er sagt – »Praktikantenstatus« gehalten zu werden, ohne eine klare zeitliche Perspektive für die Übernahme zu haben. Er sei nicht bereit, jahrelang »nur die Toiletten zu putzen«, ohne zu wissen, auf was das alles hinauslaufe.

Die Lage ist ziemlich festgefahren. Es bleibt praktisch kein Wort des anderen unkorrigiert stehen, beide Seiten schneiden sich wechselseitig das Wort ab, eine Situation »symmetrischer Eskalation« ist entstanden. Man merkt vor allem, wie tief getroffen alle Beteiligten sind. Beide Seiten kämpfen darum, vom anderen gesehen und wertgeschätzt zu werden. Sie haben das Gefühl, etwas zu opfern, und sind verletzt, dass dieser besondere eigene Einsatz jeweils vom anderen nicht wahrgenommen wird. Diese Gefühle stehen stark im Vordergrund und verhindern jedes sachliche Gespräch, so dass an eine Lösung nicht zu denken ist. Die junge Partnerin des Sohnes ist ebenfalls hoch involviert, die Tränen stehen ihr immer wieder in den Augen. Die Mutter fühlt sich in einer Zwischenposition, sie vermittelt oft bei den heftig ausgetragenen Differenzen.

Alle vier beklagen, dass die Wärme aus der Familie verschwunden sei. Das gute Einvernehmen, das über Jahre bestanden habe, sei verflogen. Unvermittelt brächen Konflikte auf von einer Heftigkeit und Aggressivität – so hätten die Eltern ihren Sohn noch nie erlebt. Dieser Verlust an »Familienkultur« sei eigentlich am schlimmsten. Während die Eltern überlegen, ob mit dem Sohn psychisch etwas nicht in Ordnung sei, beschreibt er sich als hilflos und so dramatisch verzweifelt, dass er dann einfach ausraste.

Ein wesentliches Moment in dieser Familie ist, dass es hier kein angemessenes »Management von Emotionen« gibt. Die Gefühle wogen hoch, und in der Familie als »Ort enthemmter Kommunikation« (Luhmann 1990: 203) werden sie auch offen ausgedrückt. Damit nähert sich die Familie aber den sog. »apokalyptischen Reitern« (Gottman 2002: 41f), die die drohende Zerstörung einer Beziehung anzeigen: dramatischer Vertrauensverlust, tiefste Gefühle von Verletzung, von Nicht-Wahrgenommen-Werden, entsprechend starke Hassgefühle, Angriff gilt als beste Form der Verteidigung; der einzige »Reiter«, der glücklicherweise in der Beispiel-Familie (noch) fehlt, ist die Verachtung. Sie zeigt meist das Endstadium der Zerrüttung einer Beziehung an. So hat diese Familie noch eine Chance, eine Lösung zu finden, weil die Bindung nicht völlig zerstört ist.

Paradoxien der Nachfolge

Das Beispiel zeigt eine Reihe der bereits angedeuteten *Paradoxien* auf, die beinahe zwangsläufig auftreten, wenn Familie, Unternehmen und Eigentum miteinander verbunden sind. Deutlich wird auch – und dies ist im vorderen Teil noch nicht angeklungen – welch ein enormes Potenzial an Fähigkeit, Konflikte und widersprüchliche Gefühle zu ertragen, den einzelnen Personen abverlangt wird. Mit Recht wird gesagt, dass die Familie für ein Unternehmen *die größte Ressource und die größte Gefahr* zugleich darstellt. Ebenso muss aber auch gesehen werden, dass das Familienunternehmen seinerseits für die beteiligten Personen die größte Ressource und Gefahr gleichzeitig darstellt. Im gleichen Maße, in dem familiäre Werte wie Vertrauen, Bindung und Loyalität dem Familienunternehmen enorme Wettbewerbsvorteile bieten können (z.B. durch höhere Mitarbeiter-, Kunden- und Lieferantenbindungen), bietet das Familienunternehmen den Mitgliedern der Unternehmerfamilie auch spezifische Identifikationsmöglichkeiten und Sinnstiftungen. Gehen diese verloren, treten Verletzung, Gefühle von Verrat und Hass an ihre Stelle und damit rücken die Nachteile – für die Personen wie für das Unternehmen – dramatisch in den Vordergrund. Im negativsten

Fall bleibt nicht nur ein ruiniertes Unternehmen, sondern auch »verbrannte Erde« in den Familienbeziehungen und Identitätskrisen bei den Personen zurück. Die Situation der Nachfolgeregelung scheint all die Risiken, die ein Familienunternehmen in sich birgt, wie in einem Brennglas zu bündeln.

Einige der spezifischen paradoxen Verhaltenserwartungen im Zusammenhang mit dem Thema »Unternehmensnachfolge« sollen in den nächsten Abschnitten konkretisiert werden.

Unterschiedliche Entwicklungsanforderungen: »Entwickle Dich eigenständig und bleibe mit uns verbunden!«

Die Nachfolger werden in einer Situation, in der es eigentlich um Individuation, Abgrenzung und Aufbau einer eigenen Lebensperspektive geht, mit Verhaltenserwartungen konfrontiert, die genau in die gegenteilige Richtung zielen. Sie haben sich in die Familie einzufügen und im Unternehmen unterzuordnen – und sehen sich somit wieder mit dem Spannungsfeld der eigenen kindlichen Beziehung zu den Eltern konfrontiert, die sie doch eigentlich schon hinter sich gelassen geglaubt hatten. Simon berichtet von einem Gespräch, in dem ein Unternehmer zu seinem Sohn sagt: »Mir ist es wichtig, dass du dich ohne jeden Druck entscheidest, mich zu Tode zu betrüben!« (Simon 2002: 203).

> So könnte man in unserem Beispiel die Auseinandersetzungen zwischen dem jungen und dem alten Paar auch als Teil eines heftigen, aber im gewissen Sinne ›normalen‹ Ablösungs- und Abnabelungsprozesses sehen, wenn man sich das Unternehmen wegdenkt. Derartige Auseinandersetzungen zwischen den Generationen sind ja nicht unbedingt selten, manchmal hilft auch ein gewisses Missverstehen dabei, dass eine junge Familie ihre eigenen Grenzen entwickelt. Wenn die Möglichkeit besteht, sich zu distanzieren, vielleicht aus einem gewissen Abstand kopfschüttelnd auf die »Alten« bzw. »Jungen« zu sehen, wäre das Ganze einfach eine mehr oder weniger produktive Entwicklungsphase.
>
> Das Dilemma besteht darin, dass von der biologischen und sozialen Entwicklung her Abgrenzung, Differenzierung, ja ein Stück Entfremdung angesagt ist. Von der Entwicklung des Unternehmens her geht es um das Gegenteil: Annäherung, Einigung auf gemeinsame Werte und Standards und ein enges Zusammengehen der beiden Generationen. Die Schärfe der

> Auseinandersetzung ist so den starken Bindungen geschuldet, die das Familienunternehmen knüpft. Vielleicht drückt der Sohn mit seinem Verhalten zwischen der Wärme, die er für die Eltern empfindet (und die ihn zu diesen zieht) und der aggressiven, »kalten« Abgrenzung diesen Konflikt aus.

Beziehungsdefinitionen: »Sei autonom und tue das, was wir wollen!«

Einerseits bestehen die Erwartungen an eine komplementäre Beziehung zwischen dem Familienunternehmer und seinem/r Nachfolger/in – es wird Gefolgschaft erwartet und Unterordnung, andererseits ruhen auf dem Kind die Hoffnungen, dass es sich als starke Persönlichkeit autonom und unabhängig verhält. In der Logik der Familie wird vom Nachfolger erwartet, braver Sohn oder brave Tochter zu sein, der/die die Leistung der Eltern anzuerkennen hat. In der Logik des Unternehmens wiederum soll das Kind eine erwachsene, unternehmerisch handelnde und denkende Persönlichkeit sein, die mit ihrer Entscheidungsstärke beweist, dass sie das Unternehmen zukünftig auch ohne die ›schützende Hand des Alten‹ führen kann.

> Im Beispiel zeigen sich zwei widersprüchliche Beziehungsbotschaften. Die Eltern haben ihren Sohn als Sohn angesprochen, dem sie ihr »Juwel«, wie sie das Haus nennen, anvertrauen wollen. Er fühlte sich als Unternehmer angesprochen, verbindet das mit dem Bild gleicher Augenhöhe und kommt mit Ideen für eine Strategieplanung. Dies werten die Eltern in der Logik ihrer Beziehungsdefinition als überheblich und Zeichen »mangelnder Demut«, ein Wort, das den Jungen sehr trifft.
> Er bietet ihnen in der Logik des Unternehmens die geschäftliche Beziehung an, sie antworten auf der Ebene der Familie (und auch umgekehrt). Die gleichzeitige Anwesenheit beider Systeme ist unvermeidbar – und doch schafft sie unlösbare Probleme, zumindest wenn so schnell zwischen beiden Systemen hin und her oszilliert wird (und wenn keine Metakommunikation möglich ist). Die Lage wird deutlich entspannter, als wir im Gespräch zwischen Vater und Sohn vier Stühle aufstellen: für Vater, Sohn, Inhaber und Nachfolger. So wird deutlich, wie oft »über Kreuz« kommuniziert wird.

Gerechtigkeit und Gleichheitsanforderungen:
»Sei gleichzeitig gerecht in beiden Systemen!«

Gerechtigkeit in einer Familie ist nicht mit Gerechtigkeit im Unternehmen vergleichbar. In der Familie wird es gemeinhin als gerecht erachtet, dass alle gleichwertig behandelt werden, was zumindest im Erbe auch »gleich« bedeutet. Im Unternehmen ist es gerecht, wenn derjenige den meisten Einfluss und die beste Bezahlung erhält, der am höchsten qualifiziert ist und am meisten leistet.

Was bedeutet dies für die Entscheidung der Nachfolgeregelung? In jedem Fall ist der Konflikt heftig – und bei dieser Paradoxie möglicherweise sogar am nachhaltigsten, weil es keine »richtige« Lösung gibt: Was kann für Geschwister, die nicht ins Unternehmen gehen, ein Ausgleich sein? Oder umgekehrt: Wie neidisch schaut der Nachfolger vielleicht auf die Freiheitsspielräume seiner »freien« Geschwister?

An diesen Spannungen können Familien zerbrechen und Probleme, die hier in der ersten Generation nicht gelöst wurden, setzen sich oft in weiteren Generationen fort und bestehen weiter, auch wenn etwa die Gründergeneration schon verstorben ist. Oft löst der Gründer das Dilemma nicht, er scheut sich vor der Entscheidung und zögert die Nachfolge hinaus, oder er verschiebt es in die nächste Generation. Typisches Beispiel sind Stammesbildungen: Alle Kinder des Gründers bekommen einen Anteil, den sie aber ihrerseits nicht wieder in Anteile aufsplitten (dürfen). So ist die Grundlage für Stämme gegeben, die sich in späteren Generationen bekämpfen.

In der Familienlogik gilt einfach eine andere »Währung« als im Unternehmen. In Familien bestehen sozusagen »Konten von Geschichten«, in denen Gefühle von Loyalität, Bindung, Treue, aber auch von Verrat und Enttäuschung geführt werden, und in den Geschichten, die erzählt werden, setzen sich diese Konten fort und prägen das Verhältnis der Familienmitglieder zueinander (Boszormenyi-Nagy/Spark 1981). Auch ohne ein Unternehmen im Hintergrund kann es zu heftigen Auseinandersetzungen kommen, interessanterweise meistens dann, wenn eine »scharfe Verrechnung« möglich ist oder eingefordert wird. Hierin liegt auch das Problem der Nachfolge. Anhand der Frage, wer die Nachfolge antreten soll oder wer wie viel Prozent der Gesellschafteranteile bekommt, lässt sich deutlich ablesen, wer was bekommt – die Konten können genau verrechnet werden. Dieses Konfliktpotenzial gilt es schon frühzeitig zu verringern, beispielsweise durch Entkopplung der Anerkennung der Kinder von der konkreten Nachfolgeentscheidung oder durch Festlegungen, dass sowieso keine Gleichheit herrschen könne.

Entscheidungsfindungen:
»Fälle rational eine emotionale Entscheidung!«

In Unternehmen und Familie werden Entscheidungen sehr unterschiedlich verhandelt. Im Unternehmen geht es um das Treffen von Entscheidungen auf der Basis rationaler Überlegungen, hier kann man sagen: »Das gehört jetzt nicht hierher, das ist etwas Privates!« In Familien steht dagegen gerade das Private, das Aushandeln von Beziehungen im Vordergrund, Entscheidungen werden (auch) wesentlich auf der Basis von Emotionen getroffen. Die einzelne Person ist Thema, ihre Empfindungen, Bedürfnisse, Sorgen und Ängste. Im Unternehmen werden dagegen Entscheidungen aufgrund charakteristischer Routinen und in formalisierten Kommunikationswegen gefällt. Man braucht etwa Rollenträger nicht persönlich zu kennen, um zu wissen, was man von ihnen erwarten kann. Die Leistungsfähigkeit der Organisation besteht nachgerade darin, Entscheidungen »ohne Ansehen der Person« (sine ira et studio, Max Weber) zu treffen, die ihre eigene Überlebensfähigkeit erhöhen; die Besonderheiten der Familie besteht darin, dass Entscheidungen getroffen werden, die den Bedürfnissen aller Mitglieder Rechnung tragen.

All diese Paradoxien *können* Begleiterscheinungen der Koppelung von Familie, Eigentum und Unternehmen sein, sie sind aber nicht zwingend (vgl. Klett 2005). Doch wenn sie auftreten, sind sie verbunden mit heftigen Affekten. Sie setzen die Mitglieder der Unternehmensfamilie potenziell besonderen Belastungen aus. Eine Konsequenz, vor allem, wenn sich die einzelnen den Themen nicht so gewachsen fühlen, ist Vermeidung und Tabuisierung: Man spricht einfach nicht darüber bzw. wartet, dass die andere Seite beginnt. So wird z.B. das Thema Nachfolge, obgleich man sich täglich sieht, über Jahre gemieden. Dieses »Einfrieren der Kommunikation« begrenzt das kreative Potenzial enorm und verringert die Möglichkeiten zu einvernehmlichen Lösungen. Die Existenz des Betriebes als ›allgegenwärtigem Dritten‹ in der Familie verknappt außerdem jene Kommunikationszeiten, die ansonsten für das beziehungsmäßige Miteinander in der Familie zur Verfügung stehen. So kommt es manchmal erst spät zu den entscheidenden Debatten über schon lange überfällige Regelungen, und mangels Übung gestalten diese sich dann nicht selten dramatisch und chaotisch.

Perspektiven

Perspektive des übergebenden Unternehmers

Der übergebende Gründer sieht sich oft in einer sehr schwierigen und schmerzlichen Situation. Schließlich geht es darum, das eigene Lebenswerk, ohne welches das eigene Leben überhaupt nicht denkbar ist, weiterzugeben. Das Unternehmen symbolisiert die Gestaltungsfähigkeit und den Ehrgeiz des Gründers (Wimmer/Gebauer 2004: 15), es ist aufs Engste mit seiner Identität verbunden. Wie könnte es anders sein, als dass die Ablösung hoch ambivalent besetzt ist? Einerseits fordert die »Uhr des Lebens« die Weitergabe, andererseits gibt es eine tiefe Skepsis, ob die Kinder das Lebenswerk angemessen fortsetzen können: »Eigentlich traut er niemandem diese schwere Aufgabe zu – außer sich selbst« (ebd.).

Gar nicht so selten ist es, dass ein Gründer sich erst spät vor Augen führt, was die Ablösung vom Unternehmen *für ihn persönlich* bedeutet. Es fehlen Perspektiven für das Leben »danach«. Das Auftauchen depressiver Symptome ist nicht selten in dieser Phase und zeigt, dass hier »Trauerarbeit« zu leisten ist. Da erscheint es oft als der naheliegendste Schritt, sich wieder im Unternehmen zu engagieren. Der Vater verlässt das Unternehmen etwa mit einem Beratervertrag in der Tasche, der ihm das Recht zum Einblick in die tiefsten Geschäftsvorgänge garantiert – und auch wenn er die exekutive Macht abgegeben hat, kann der Sohn nicht sicher sein, dass nicht der informelle Einfluss des Vaters nach wie vor sehr groß bleibt.

Perspektive des übernehmenden Nachfolgers

Doch auch für den Nachfolger ist die Lage alles andere als ambivalenzfrei. Es stellen sich auch hier vielfach Fragen, die eng mit der eigenen Identität verknüpft sind wie etwa:

- *Zwischen Wunsch und Pflichterfüllung:* »Mache ich das eigentlich freiwillig oder weil ich es muss? Werde ich mich selbst verwirklichen

können oder gehe ich einen vorgefertigten Weg, in dem ich als Person gar nicht mehr auftauche?«
- *Leistungsdruck:* »Werde ich dem Druck der Verhaltenserwartungen standhalten können?« (Originalzitat eines Nachfolgers in der Beratung: »Für mich wäre es so, als würde ich ein Kind überfahren, wenn ich das Unternehmen gegen die Wand fahren würde!« Auf Nachfrage: »Ja, das Unternehmen ist ja Vaters Kind!«)
- *Geschwisterkonkurrenz:* »Welche Konflikte erwarten mich mit den Geschwistern, ihrem Neid, ihren Erwartungen an mich?«
- *Verhältnis zum Vater:* »Wie kann ich aus dem Schatten des großen Vaters heraustreten? Werde ich von den Mitarbeitern überhaupt ernst genommen?«

Möglichkeiten und Wege

Klassische Nachfolgeberatung ist vielfach auf die Regelung fachlicher Fragen zentriert. Das kann helfen, die heftigen Gefühle zu versachlichen. Die Gefahr ist jedoch dabei, die Familie eher als Störfaktor zu sehen, deren Emotionalität aus dem Klärungsprozess herausgehalten werden muss. Doch gerade aus der Emotionalität und der damit verbundenen hohen Identifikation und Bindung lässt sich der enorme Einsatz erklären, den Familienmitglieder leisten, um ein Unternehmen am Leben zu halten. Zudem können auch die sachlich agierenden Berater nicht verhindern, dass sich nach einer getroffenen Regelung negative Gefühle einstellen, etwa die des Verrats und der Kränkung. Analysen der Konfliktsituationen in Gesellschafterkreisen zeigen, dass diese Gefühle sich oft *über Generationen hinweg* fortsetzen.

Eine Reihe von Empfehlungen sollen abschließend hier in Form von ›Imperativen‹ formuliert werden, die in der Beratung helfen können, die heikle Balancierungsleistung der Nachfolge zu gestalten.

1. *Suche nicht nach dem einen richtigen Weg!* Es gibt ihn nicht: Die Paradoxien sollten nicht wie ein »gordischer Knoten« durchschlagen werden, vielmehr geht es darum, Spannung auszuhalten und in den Paradoxien Wege zu gehen. Deissler (vgl. Ressource S. 30) spricht von dem »Vokabular postmoderner Diskurse«, das zu der hier vertretenen Haltung passt: Es geht darum, die Beschreibungsräume

kennenzulernen, in denen sich die Personen im Rahmen ihrer unterschiedlichen Mitgliedschaften bewegen, ohne vorschnell einen dieser Diskurse über die anderen zu stellen. So kann das hohe kreative Potenzial, das in der Suche nach Wegen liegt, genutzt werden. Vielstimmigkeit ist nicht leicht auszuhalten, so wählen Familien oft Wege wie Unterordnung, die Aufgabe eigener Identität oder eskalierende Kämpfe mit der Gefahr des Bruchs. Es geht für jede Familie um die Herausforderung, einen eigenen dritten Weg zu erarbeiten.

2. *Betreibe aktives Familienmanagement!* Nachfolge und Familienmanagement müssen zu den tragenden Säulen der Unternehmensstrategie gehören. Der Dialog und die Vermittlung von Werten sind hier kontinuierliche Aufgaben. Im Kleinen heißt dies auch, Überlegungen über die Zukunft des Unternehmens nicht erst zu beginnen, wenn – wie im Beispiel – der Sohn bereits 25 Jahre alt ist. Im Großen, etwa wenn der Betrieb bereits über Generationen hinweg läuft und die Zahl der Gesellschafter sich stark vergrößert hat, braucht es ein noch stärker geplantes Familienmanagement, das auf einer expliziten Familienstrategie aufbaut.

3. *Suche nach Wegen der Entparadoxierung!* Dies kann in der Bewusstmachung und Trennung der Rollen bestehen, es läuft in der Erfahrung auch oft auf eine Priorisierung eines Systems heraus, des Unternehmens (vgl. Simon et al. 2005).

> Ein klarer Regelkodex kann das Unternehmen vor der Familie schützen. Bei der Karlsberg-Brauerei etwa gilt die Regel, dass nur jeweils ein Familienmitglied im Unternehmen tätig sein darf (in welcher Position auch immer), bei Haniel ist dies sogar keinem Familienmitglied gestattet. C&A, Klett u.a. setzen klare Standards für zu erwerbende Kompetenzen, die ein Familienmitglied vorzeigen muss, um sich bewerben zu können.

Der ›Witz‹ der Entparadoxierung qua Priorisierung des Unternehmens liegt dabei darin, dass auch die Familie auf lange Sicht hiervon profitiert. Nur solange das Unternehmen krisenfrei existiert, kann es auch der Familie als materielle und immaterielle Ressource dienen.

4. *Zeige Mut zur Konfrontation und Fehlertoleranz!* Es geht darum, eine »Bilanz-Wahrheit auf beiden Seiten« offen anzuschauen (Müller-Harju 2002: 96). Dies ist alles andere als pseudoharmonisch, auch wenn es mit der Bereitschaft verbunden sein sollte, sich und dem anderen Fehler zuzubilligen. Hier geht es um die Bereitschaft, offen Tabus anzusprechen, kritische Punkte anzugehen, die evtl. schon aus früheren Generationen stammen – wie z.B. ein sich hinziehender Geschwisterkonflikt –, und mit der Bereitschaft zur Lösungsfindung in Gespräche zu gehen.

5. *Nimm die Zwickmühle als Herausforderung und stelle dich persönlichen Themen!* Das Stichwort hier ist: »Paradoxiemanagement«: Viele Konflikte, die zwischen den Generationen hin- und hergehen, lenken auch davon ab, dass beide Seiten mit eigenen Themen beschäftigt sind, die heftig emotional besetzt sind. So geht es für den abgebenden Unternehmer darum, sich der eigenen Begrenztheit zu stellen, dem Faktum, dass es nicht möglich ist, die Kontrolle über alles in jedem Moment zu behalten. Diesen Gefühlen sollte man nicht dadurch ausweichen, dass man wieder ›mitmischt‹ – oder gar nicht erst loslässt. Der Nachfolger/die Nachfolgerin muss sich mit der eigenen Angst und Unsicherheit da auseinandersetzen, wo der Inhaber nicht mehr als derjenige angesehen werden kann, an dem alles liegt. Manchmal scheint es leichter zu sein, den anderen als Gegner zu sehen, gegen den man kämpfen kann, als die Gefühle auszuhalten, die kommen, wenn eine Lösung in Sicht kommt.

Anmerkungen

1 | Auf das dritte System »Eigentümerschaft« gehen wir im zweiten Teil des Abschnitts ein.
2 | Ausführlich sind diese Paradoxien beschrieben bei Wimmer et al. (2004) und Simon et al. (2005).

Referenzen

Literaturverzeichnis

Albach, H./Pinkwart, A. (Hg.) (2002): Gründungs- und Überlebenschancen von Familienunternehmen. *Zeitschrift für Betriebswirtschaft*, Ergänzungsheft 5, Wiesbaden.
Andersen, T. (1990): Das Reflektierende Team. Dialoge über Dialoge, Dortmund.
Anderson, H. (1999): Das therapeutische Gespräch. Der gleichberechtigte Dialog als Perspektive der Veränderung, Stuttgart.
Anderson, H./Goolishian, H.P. (1990): »Menschliche Systeme als Sprachliche Systeme«, in: *Familiendynamik* 15, S. 213-243.
Anderson, H./Goolishian, H.P. (1992): »Der Klient ist Experte: Ein therapeutischer Ansatz des Nicht-Wissens«, in: *Zeitschrift für Systemische Therapie* 10 (3), S. 176-189.
Bachtin, M. (1985): Probleme der Poetik Dostojewskis, Frankfurt a.M.
Baecker, D. (2005): Die Haltung der systemischen Beratung. Unveröff. Manuskript.
Bamberger, G.G. (2001): Lösungsorientierte Beratung, Weinheim.
Bateson, G. (1984): Geist und Natur, Frankfurt a.M.
Baus, K. (2003): Die Familienstrategie. Wie Familien ihr Unternehmen über Generationen sichern, Wiesbaden.
Bohm, D. (1998): Der Dialog, Stuttgart.
Boszormenyi-Nagy, I. (1985): »Kontextuelle Therapie«, S. 135-143 in: K.G. Deissler, Beiträge zur Systemischen Therapie [http://www.deissler.org/pdf/beitraege.pdf].
Boszornemyi-Nagy, I./Spark, G. (1981): Unsichtbare Bindungen. Die Dynamik familiärer Systeme, Stuttgart.

Calder, G.H. (1961): »The peculiar problems of family business«, in: *Business Horizons* 4 (3), S. 93-102.
Carlock, R.S./Ward, J.L. (2001): Strategic Planning for the Family Business. Parallel Planning to Unify the Family and Business, Basingstoke.
De Shazer, St. (1989): Der Dreh, Heidelberg.
De Shazer, St. (1999): Wege der erfolgreichen Kurztherapie, Stuttgart.
Deissler, K.G. (1997): Sich selbst erfinden?, Münster.
Deissler, K.G. (1998): »Dialoge im Gespräch. Zur sozialen Konstruktion von Reflexionsprozessen innerhalb Therapie und Beratung«, S. 123-150 in: J. Hargens/A.v. Schlippe (Hg.), Das Spiel der Ideen. Reflektierendes Team und Systemische Praxis, Dortmund.
Deissler, K.G. (1999): »Kooperationsfördernde Gesprächsmoderation«, S. 264-266 in: R. Königswieser/A. Exner (Hg.), Systemische Intervention. Architekturen und Designs für Berater und Veränderungsmanager, Stuttgart.
Deissler, K.G. (2000): »›... ich, ›mein Problem‹ und die anderen ...‹ – Von Ich-Erzählungen, Beziehungsgeschichten, transformativen Dialogen und Gesprächen im Dialog«, in: *Familiendynamik* 25, S. 411-449.
Deissler, K.G. (2001): Interview in K. Roth/K.G. Deissler, »Postmoderne Stimme im Dialog. Über Sozialen Konstruktionismus, Sozialen Konstruktivismus und Antipsychiatrie«, in: *Zeitschrift für Systemische Therapie* 19, S. 211-238
Deissler, K.G. (2005): »Ethik, Ethiken – völlig losgelöst?«, in: *Zeitschrift für Systemische Therapie und Beratung* 23 (1), S. 19-26.
Deissler, K.G./Gergen, K. (Hg.) (2004): Die Wertschätzende Organisation, Bielefeld.
Deissler, K.G./Keller, Th./Schug, R. (1996): »Kooperative Gesprächsmoderation – selbstreflexive Gespräche. Ein Bouquet von Ideen und Methoden für die (Organisations-)Beratung als sozialer Konstruktionsprozeß«, S. 173-203 in: K.G. Deissler (Hg.), Sich Selbst Erfinden? Von Systemischen Interventionen zu selbstreflexiven therapeutischen Gesprächen, Münster.
Deissler, K.G./Kose, K.-H. (2004): »Beratung wertschätzend organisieren – Kommentar und Praxis«, S. 61-72 in: K.G. Deissler/K. Gergen (Hg.), Die Wertschätzende Organisation, Bielefeld.
Deissler, K.G./Schug, R. (2000): »Mehr desselben – nur anders. Reflexive Konsultation – ein Vorschlag zur Transformation herkömmlicher Formen der Supervision«, S. 64-75 in: K.G. Deissler/

S. McNamee (Hg.), Phil und Sophie auf der Couch. Die soziale Poesie therapeutischer Gespräche, Heidelberg.

Derrida, J. (1985): »Jaques Derrida im Gespräch mit Christian Descamps«, in: P. Engelmann (Hg.), Philosophien. Gespräche mit Foucault, Derrida, Lyotard u.a., Wien.

Dierke, K.W./Houben, A. (2006): »Grenzen der klassischen Fachberatung«, S. 43-48 in: R. Königswieser/E. Sonuç/J. Gebhardt (Hg.), Komplementärberatung. Das Zusammenspiel von Fach- und Prozeß-Know-how, Stuttgart.

Donnelley, R. (1964): »The family business«, in: *Harvard Business Review* IV (2), S. 93-105.

Gergen, K.J. (2002): Konstruierte Wirklichkeiten. Eine Hinführung zum sozialen Konstruktionismus, Stuttgart.

Gergen, K.J./Hoffmann, L./Anderson, H. (1997): »Diagnose – ein Disaster? Ein konstruktivistischer Trialog«, in: *Zeitschrift für systemische Therapie* 15 (4), S. 224-240.

Gersick, K E./Davis, J.A./Mc Collom Hampton, M./Lansberg, I. (1997): Generation to Generation. Life Cycles of the Family Business, Boston (Mass.).

Gottman, J. (2002): Die 7 Geheimnisse der glücklichen Ehe, 3. Aufl., München.

Hargens, J. (2004): Aller Anfang ist ein Anfang. Gestaltungsmöglichkeiten hilfreicher systemischer Gespräche, Göttingen.

Hartkemeyer, M./Hartkemeyer, J.H./Freeman Dhority, L. (1998): Miteinander Denken. Das Geheimnis des Dialogs, Stuttgart.

Hoffman, L. (2002): Family Therapy. An Intimate History, New York.

Hosking, D.M./McNamee, S. (Hg.) (2006): The Social Construction of Organization, Copenhagen.

James, H. (2005): Familienunternehmen in Europa, München.

Kets de Vries, M.F.R. (1996): Family Business. Human Dilemmas in the Family Firm, London.

Kets de Vries, M.F.R./Miller, D. (1984): The Neurotic Organization. Diagnosing and Changing Counterproductive Styles of Management, San Francisco.

Klett, D. (2005): Zwischen Kompetenz und Herkunft – zwischen Ungleichheit und Selektion. Paradoxe Anforderungen an Familienunternehmen und ihre Unternehmensfamilien, Heidelberg.

Königswieser, R./Hillebrand, M. (2004/2005): Einführung in die systemische Organisationsberatung, Heidelberg.

Leriche, P. (2005): »Der vernachlässigte Weg. Warum Menschen in Organisationen eine neue Art des Redens finden müssen«, in: *Zeitschrift für Systemische Therapie und Beratung* 23 (2), S. 69-76.

Luhmann, N. (1984): Soziale Systeme. Grundzüge einer allgemeinen Theorie. Suhrkamp, Frankfurt a.M.

Luhmann, N. (1990): »Sozialsystem Familie«, S. 196-217 in: ders., Soziologische Aufklärung 5 – Konstruktivistische Perspektiven, Opladen.

Luhmann, N. (2000): Organisation und Entscheidung, Opladen.

Lyotard, J.-F. (1987): Postmoderne für Kinder. Briefe aus den Jahren 1982-1985, Wien.

Massing, A./Reich G./Sperling, E. (2006). Mehrgenerationen-Familientherapie, Göttingen.

May, P. (2004): Unternehmer Newsletter 03-04 [http://www.intes-online.de/cms/download.php?link=15].

McNamee, S./Gergen, K.J. (1999): Relational Responsability. Resources for Sustainable Dialogue, London.

Minuchin, S. (1974): Familie und Familientherapie, Paderborn.

Müller, G./Hoffman, K. (2002): Systemisches Coaching. Handbuch für die Beraterpraxis, Heidelberg.

Müller-Harju, D. (2002): Generationswechsel im Familienunternehmen. Mit Emotionen und Konflikten konstruktiv umgehen, Wiesbaden.

Nagel, R./Wimmer, R. (2004): Systemische Strategieentwicklung. Modelle und Instrumente für Berater und Entscheider, Stuttgart.

Neubeiser, M.-L. (1992): Management Coaching, Düsseldorf/Wien.

Piorkowsky, M.-B. (2003): »Haben wir ein falsches Bild vom Selbständigen?«, in: *Süddeutsche Zeitung* v. 2./3. August, S. VI/15.

Pisarsky, B.C./Mickley, M. (2003): »Aufmerksamkeitsstörung/Hyperaktivitätsstörung (ADHS) oder über die Nützlichkeit eines therapeutischen Konstrukts«, in: *Zeitschrift für systemische Therapie* 21 (3), S. 168-178.

Prata, J. (1992): A Systemic Harpoon into Family Games. Preventive Interventions in Therapy, New York.

Schlippe, A.v./Schweitzer, J. (2004): Lehrbuch der systemischen Therapie und Beratung, 11. Aufl., Göttingen.

Shawver, L. (2005): Nostalgic Postmodernism. Postmodern Therapy Vol. I, Oakland.

Simon, F.B. (2004): Gemeinsam sind wir blöd!? Die Intelligenz von Unternehmen, Managern und Märkten, Heidelberg.

Simon, F.B./Wimmer, R./Groth, T. (2005): Mehr-Generationen-Familienunternehmen. Erfolgsgeheimnisse von Oetker, Merck, Haniel u.a., Heidelberg.

Simon, F.B. (1999a): »Organisationen und Familien als soziale Systeme unterschiedlichen Typs«, S. 181-200 in: D. Baecker/M. Hutter (Hg.): Systemtheorie für Wirtschaft und Unternehmen, Wiesbaden.

Simon, F.B. (1999b): »Familie, Unternehmen und Familienunternehmen. Einige Überlegungen zu Unterschieden, Gemeinsamkeiten und den Folgen ...«, in: *Organisationsentwicklung* 18 (4), S. 16-23.

Simon, F.B. (Hg.) (2002): Die Familie des Familienunternehmens. Ein System zwischen Gefühl und Geschäft, Heidelberg.

Ulfers, H.A. (2004): Der Consultance Berater, Erlangen.

Weber, M. (1980): Wirtschaft und Gesellschaft, 5. Aufl., Tübingen.

Wiechers, R. (2005): Familienmanagement zwischen Unternehmen und Familie, Heidelberg.

Wiechers, R. (2004): Die Unternehmerfamilie: Ein Risiko des Familienunternehmens?, Norderstedt.

Wimmer, R./Domayer, E./Oswald, M./Vater, G. (2005): Familienunternehmen – Auslaufmodell oder Erfolgstyp?, Wiesbaden.

Wimmer, R./Groth, T./Simon, F.B. (2004): Erfolgsmuster von Mehrgenerationen-Familienunternehmen. Wittener Diskussionspapiere, Sonderheft 2, Universität Witten-Herdecke.

Wimmer, R./Gebauer, A. (2004): Nachfolge in Familienunternehmen. Theoretische Überlegungen für die erfolgreiche Gestaltung des Übergangs, Wittener Diskussionspapiere, Heft 135, Universität Witten-Herdecke.

Wittgenstein, L. (1984): Werkausgabe, Bd. 1-8., Frankfurt a.M.

Kommentierte Literaturempfehlungen

KLAUS G. DEISSLER

An dieser Stelle möchte ich als Herausgeber des Buches »Familienunternehmen beraten« jenen einige themengebundene Literaturhinweise geben, die einen Einstieg in die Thematik der Familienunternehmen suchen. Vollständigkeit oder Objektivität ist weder bei den Themen noch bei der ausgewählten Literatur beabsichtigt.

Dabei werden die vier folgenden Themen unterschieden, und die angegebene Literatur wird nach dem Datum des Erscheinens in absteigender Reihenfolge geordnet; ergänzend werden zum Teil auch Bücher in die Empfehlungen aufgenommen, die in den Aufsätzen des Buches nicht genannt wurden:

1. Familienunternehmen im Allgemeinen und »systemische« Perspektiven,
2. Beratung von Familienunternehmen und ihrer Teilsysteme,
3. Familienunternehmen – Theorie und Forschung,
4. Erkenntnistheoretische Grundlagen für die Ressource.

Wie das Literaturverzeichnis des Gesamtbuchs (S. 129ff.) zeigt, ist die Literatur zu spezifischen Fragen wesentlich umfangreicher als die kommentierten Literaturempfehlungen. Sicher finden die Leser auch dort zahlreiche Lektüreanregungen.

Familienunternehmen im Allgemeinen und »systemische« Perspektiven

Dostert, E./Piper, N. (Hg.) (2006): Dynastien und Newcomer. Porträts deutscher Familienunternehmen, Heidelberg (Süddeutsche Zeitung: »Dynastien, Newcomer, Außenseiter«).

Seit 30 Jahren porträtiert die »Süddeutsche Zeitung« Familienunternehmen unter dem Titel »Dynastien, Newcomer, Außenseiter«. Diese sind in der Regel jeden Montag im Wirtschaftsteil der »SZ« zu finden. Der Stil dieser Porträts zeichnet sich durch eine Mischung aus Sachlichkeit und persönlich gefärbten Aussagen der Porträtisten und Familienunternehmensmitgliedern aus. Es werden sowohl wirtschaftliche Daten als auch historische Entwicklungen und Zukunftsperspektiven dargestellt.

In dem vorliegenden Buch haben die Herausgeber fast 60 dieser Porträts gesammelt und auf dem Stand von 2005 und 2006 dargestellt. Der Leser wird durch einen Beitrag von Urs Frey, der eine kurze und klare Einführung in die Thematik von Familienunternehmen gibt, zum Thema des Buches hingeführt. Freys Beitrag behandelt aktuell diskutierte Themen von Familienunternehmen in wirtschaftlicher und familienorientierter Hinsicht. Für Leserinnen und Leser, die sich einen ersten Einblick in die Thematik verschaffen wollen, sind sowohl Freys Beitrag als auch die Porträts hervorragend geeignet.

Wimmer, R./Domayer, E./Oswald, M./Vater, G. (2005): Familienunternehmen – Auslaufmodell oder Erfolgstyp?, Wiesbaden.

Im deutschsprachigen Raum stellt vermutlich dieses Buch eine Art Initialzündung für die wachsende Publikationswelle und das neu geweckte Interesse an Familienunternehmen dar – es wurde in der Erstauflage bereits 1996 veröffentlicht. Das Buch gewinnt seinen besonderen Charakter dadurch, dass es aus den traditionellen Betrachtungsweisen der Betriebswirtschaftslehre ausbricht und die Dynamiken zwischen Familie, Unternehmen und Wirtschaftlichkeit erstmalig untersucht. Wimmer et al. geht es dabei vor allem um die erfolgreiche Familienunternehmenssteuerung, die das langfristige Überleben dieser Unternehmensform – das »gemeinsame Dritte« – sichert. Die Autoren starten bei ihrer Untersuchung den Versuch, ein »Navigationssystem« für den Weg zwischen Erfolg und Risiko, den Eigenheiten und Eigenzeiten von Familienunternehmen und Unternehmerfamilie sowie (Generationenübergangs-)Klippen zu entwickeln.

Simon, F.B. (Hg.) (2002): Die Familie des Familienunternehmens. Ein System zwischen Gefühl und Geschäft, Heidelberg.
Simon als Hauptautor und Herausgeber sammelt in diesem Buch Autoren um sich, die aus unterschiedlichsten Perspektiven ihre Beiträge zu dem Buch leisten. Während Simon selbst sich eher allgemein gehaltenen Ausführungen zu Themen wie Gefühl/Geschäft, Besonderheiten der Familiendynamik von Familienunternehmen, Entscheidungsfindung, Nachfolgeproblematik, Entkoppelung von Familie und Unternehmen sowie Fremdmanagern widmet, berichten die anderen Autoren (die größtenteils als Familientherapeuten bekannt sind), teils aus eigener Betroffenheit (als ehemalige Mitglieder von Familienunternehmen), als Berater mit zum Teil therapeutischem Hintergrund und Wissenschaftler über ihre spezifischen Herangehensweisen bei der Beschreibung und Beratung von Familienunternehmen.

Beratung von Familienunternehmen und ihrer Teilsysteme

Wiechers, R. (2006): Familienmanagement zwischen Unternehmen und Familie. Zur Handhabung typischer Eigenarten von Unternehmensfamilien und Familienunternehmen, Heidelberg.
In seiner jüngsten Forschungsarbeit hebt Wiechers insbesondere die Grenzstellen zwischen Unternehmensfamilie und Familienunternehmen hervor – diese werden für den Autor relevant bei Fragen, die sich mit dem von ihm entwickelten »Familienmanagement« beschäftigen. Bei seinem »Familienmanagement« handelt es sich im Prinzip um die Gestaltung von Koordinationsprozessen zwischen Familienunternehmen und Unternehmerfamilie. Diesen Koordinationsprozess beschreibt Wiechers als Management. Wer dabei in welchem der beiden Systeme – Familie oder Unternehmen – das Management im Sinne der Beziehungsgestaltung vornimmt, hängt von vielen Faktoren ab – z.B. dem Alter des Familienunternehmens. Diese und andere Fragen werden von Wiechers kenntnisreich und mit vielen Beispielen sowie theoretischen Erörterungen diskutiert.

Baus, K. (2003): Die Familienstrategie. Wie Familien ihr Unternehmen über Generationen sichern, Wiesbaden.

Für Kirsten Baus – eine der wenigen Frauen im Geschäft der Familienunternehmen und ihrer Beratung – ist die Unternehmerfamilie der unberechenbare Faktor in der Trias »Unternehmen – Gesellschafter – Familie«. Sie stellt ihre Variante des in den USA erfundenen »Gegenmittels« in dem vorliegenden Buch vor. Durch die »Familienstrategie« wird das ungebündelte Konglomerat von entfremdeten Partnern, Familienmitgliedern mit Partikularinteressen, rivalisierenden Geschwistern und ungelösten Generationskonflikten zu einer Einheit, die sich im Idealfall ihrer Traditionen besinnt, Einigkeit über Werte, Ziele und Rollen erzielt, Unternehmens- und Familieninteressen austariert, lebendige Strukturen durch Regeln und Institutionen entwickelt und gute Umgangsformen pflegt.

Baus vermittelt in ihrem Buch ein Beratungsmodell, das aus fünf Schritten besteht und mit der Abfassung einer »Familiencharta« für die Zukunft nach dem Beratungsprozess, die die Steuerung der Familie (Family Governance) ermöglichen soll, endet.

LeMar, B. (2001): Generations- und Führungswechsel in Familienunternehmen. Mit Gefühl und Kalkül den Wandel gestalten, Berlin.

Bernd LeMar widmet sich in seinem Buch vor allem den »psychologischen Faktoren«, die in Familienunternehmen eine Rolle spielen und die sich aus seiner Sicht insbesondere zeigen, wenn es um das Hauptthema des Buches geht – den »Generationen- und Führungswechsel in Familienunternehmen«. Dementsprechend sieht er in der »Prozessberatung« (in Abgrenzung zur »Fachberatung«) die Hauptaufgabe der Beratung dieser Unternehmensform. Neben der fundierten Hinleitung und Diskussion seines Hauptthemas, das sich durch das ganze Buch zieht, sind insbesondere sein »5-Ebenen-Modell der Kommunikation«, die ausdrückliche Wertschätzung der Rolle von Frauen im Familienunternehmen und ein eigenes Kapitel über »Beratung von Familienunternehmen« hervorzuheben. Das Buch ist plastisch dargestellt, in verständlicher Sprache formuliert und mit vielfältigen Beispielen angereichert: Neben den vielen kleinen Zeichnungen zur Erläuterung des Textes hat der Autor auch mehr oder weniger fiktive Dialoge mit seinem Freund und Familienunternehmer »Friedrich« eingestreut, in denen beide sich auf die vorgestellten Inhalte beziehen und diese in ihrem Dialog reflektieren.

Familienunternehmen – Theorie und Forschung

Simon, F.B./Wimmer, R./Groth, T. (2005): Mehr-Generationen-Familienunternehmen. Erfolgsgeheimnisse von Oetker, Merck, Haniel u.a., Heidelberg (Forschungsbericht: Wimmer, R./Groth, T./Simon, F.B. [2004]: Erfolgsmuster von Mehrgenerationen-Familienunternehmen, Witten).

»Was ist erfolgreicher als der Erfolg erfolgreicher Familienunternehmen – deren Erfolg in einem Forschungsprojekt zu analysieren und darüber zu schreiben?« – diese und ähnliche Fragen mögen sich Wimmer, Simon und Groth gestellt haben, als sie ›auszogen‹, ihr Forschungsprojekt über Mehrgenerationen-Familienunternehmen zu ›unternehmen‹, es als Forschungsbericht (Wimmer et al., 2004) und schließlich in ihrem Buch (Simon et al., 2005) zu veröffentlichen. Die Autoren gehen in ihrem Buch von verschiedenen Prämissen und Werthaltungen aus. Dazu gehören z.B. Langlebigkeit von Familie und Unternehmen als Systeme, deren unterschiedliche Logiken, Entscheidungsprozesse usw. Des Weiteren gehören dazu die Notwendigkeit der Koordination beider Systeme und als ›zentrale Konstruktion‹ der Autoren die Folge, dass dabei ›Paradoxien‹ entstehen müssen, die sich in widersprüchlichen Anforderungen (Entscheidungskonflikten) zeigen und in die sich die beiden Systeme verwickeln. Schließlich lüften die Autoren ihr Geheimnis, dass die Aufrechterhaltung der Paradoxien und der geschickte Umgang damit den langfristigen Erfolg von Familienunternehmen sichern. Insbesondere besteht der geschickte Umgang mit den paradoxen Anforderungen darin, sich weder für die Seite der Familie noch für die Seite des Unternehmens zu entscheiden.

Klett, D. (2005): Zwischen Kompetenz und Herkunft. Paradoxe Anforderungen an Familienunternehmen und ihre Unternehmensfamilien, Heidelberg.

David Klett bewegt sich in seinem Forschungsprojekt über Familienunternehmen im von Wimmer et al. (2005), Simon et al. (2005) sowie Wiechers (2004, 2006) gesteckten Rahmen: Auf Basis systemtheoretischer Überlegungen im Anschluss an Luhmann (der »strukturellen Kopplung« der beiden Systeme »Familie« und »Unternehmen«) widmet sich Klett insbesondere den paradox erscheinenden Anforderungen der Familie nach Gleichheit der Familienmitglieder und den Anforderungen des Unternehmens nach Kompetenzunterschieden (Selektion und Ungleichheit). Nach Auffassung des Autors muss eine solche Paradoxie durch verschiedene Managementmethoden angegangen werden, um langfristig negative Wirkungen zu vermeiden. Das wiederum bedeutet, dass es keine stabilen Lösungen dieser Daueranforderungen geben kann, sondern nur die fortgesetzte Auseinandersetzung damit – auch wenn es offiziell heißt: »business first«.

Wiechers, R. (2004): Die Unternehmerfamilie. Ein Risiko des Familienunternehmens?, Norderstedt.

Würde man das Forschungsprojekt von Ralph Wiechers ironisierend und grob vereinfachend auf den Satz reduzieren »Das einzige, was im Familienunternehmen stört, ist die Familie des Familienunternehmers«, täte man Wiechers Studie, die an der Universität Witten entstanden ist, unrecht. Der Autor impliziert in seiner Arbeit nämlich den Wunsch, Familienunternehmen ein langfristiges und erfolgreiches Überleben zu ermöglichen; dabei sollen die Klippen, die seitens der Unternehmerfamilie mehr oder weniger ›unbewusst‹ entstehen, umschifft werden. Um seine Fragen zu verdeutlichen, beschreibt der Autor sechs Beispiele, die familieninduzierte Risiken für ein Unternehmen darstellen bzw. darstellen können. Wiechers kommt zu dem Schluss, dass das von ihm vorgeschlagene Family-Risk-Management den identifizierten Risiken gegensteuern kann.

Albach, H./Pinkwart, A. (Hg.) (2002): Gründungs- und Überlebenschancen von Familienunternehmen. *Zeitschrift für Betriebswirtschaft*, **Ergänzungsheft 5, Wiesbaden.**

In diesem Sonderheft der »Zeitschrift für Betriebswirtschaft« widmen sich Albach, Pinkwart und andere Hochschullehrer in acht verschiedenen Beiträgen den Chancen der Gründung und des Überlebens von Familienunternehmen. Zur Verdeutlichung werden zwei Beiträge erläutert: Albach unterscheidet drei verschiedene Arten von Familienunternehmen: Eingenerations-Familienunternehmen, Mehrgenerationen-Familienunternehmen und Familienunternehmen, in denen die Unternehmerfamilie nur noch in der Tradition und Kultur des Unternehmens eine Rolle spielt – jedoch nicht mehr personell. Entsprechend unterschiedlich sieht Albach auch die Anforderungen an das Management dieser drei Formen von Familienunternehmen an.

Pinkwart beschreibt die »Unternehmensgründung als Problem der Risikogestaltung«. Um mit diesem Risiko besser umgehen zu können, entwickelt er das Konzept eines »integrierten Risikomanagements«, das sowohl Risiken als auch Chancen einer Unternehmensgründung berücksichtigt (Risiko-Chancen-Kalkül) und in die Methode des »Riskadjusted Balanced Scorecard« (RBSC) einmündet. Interessierte Leserinnen und Leser sollten bei der Lektüre keine Angst vor abstrakter Darstellung, Tabellen und mathematischen Formeln haben.

Erkenntnistheoretische Grundlagen für die Ressource

Hosking, D.M./McNamee, S. (Hg.) (2006): The Social Construction of Organization, Copenhagen.
Dieses Buch enthält eine Vielzahl unterschiedlichster Beiträge zum Thema »Soziale Konstruktion von Organisationen« – darunter u.a. von Ken Gergen, John Shotter, Frank Barrett und Lois Holzman. Die Themenvielfalt könnte unterschiedlicher kaum sein: Es werden z.B. Grundlagen von Wittgenstein, Bachtin oder Vygotsky für die Beratung von Organisationen oder die Metaphern von klassischer Musik (Symphonieorchestern) und Jazz reflektiert. Das Buch ist des Weiteren mit Gedichten, die sich auf die Arbeit mit und in Organisationen beziehen, und mit Kommentaren und Hinweisen der Herausgeberinnen angereichert. Kurz: Ein außergewöhnliches Buch, das die Vielfalt postmoderner Beratungsansätze erahnen lässt.

Gergen, K.J. (2006): Therapeutic Realities: Collaboration, Oppression and Relational Flow, Chagrin Falls.
In diesem Buch gibt der Sozialpsychologe Gergen seine Ideen und Auffassungen von therapeutischen Prozessen wieder, die er in mehr als drei Jahrzehnten in der Zusammenarbeit mit Therapeuten entwickelt hat. Therapeutische Kommunikation beschreibt er als soziale Konstruktionsprozesse, in denen in gemeinsamer Zusammenarbeit zwischen Klienten und Therapeuten Bedeutungen hergestellt und weiter transformiert und damit Handlungsmöglichkeiten eröffnet werden. Ohne den Anspruch, eine eigene sozialkonstruktionistische Therapieform zu begründen, beschreibt Gergen neun Orientierungen, auf die sich das sozialkonstruktionis-

tische Verständnis von Therapie und ihre praktischen Konsequenzen hin bewegen. Ein wichtiger Bestandteil des Buches besteht in der kritischen Reflexion traditioneller (individualistischer) Therapieauffassungen und dem Hinterfragen von »Defizitdiskursen«, der »neurobiologischen Wende« im Kontext der Politik »geistiger Gesundheit als Unterdrückung«, der »Poesie therapeutischer Prozesse« und dem Wandel von der »Behandlung zum Dialog«. Das Buch schließt mit zwei Interviews mit Gergen ab.

Shawver, L. (2005): Nostalgic Postmodernism. Postmodern Therapy Vol. I, Oakland.

In diesem Buch finden Berater und Therapeuten wichtige Hinweise zur Entstehung des »Postmodernismus«, der Verwendung der Begrifflichkeiten und dem nostalgischen Abschied von einer wissenschaftlich begründeten Psychotherapie als einer Form der Metatheorie. Shawver entwickelt ihre Form des Postmodernismus aus der Auseinandersetzung mit philosophischen Denkern wie Wittgenstein und Lyotard. Dabei wird deutlich, wie sie ihre Skepsis gegenüber Metatheorien – als wichtigstem Bestandteil einer postmodernen Haltung – entwickelt hat. Mit anderen Worten: Dieses Buch dürfte für die meisten Berater und Therapeuten interessant sein, die ihre Zusammenarbeit mit ihren Klienten und Kollegen besser verstehen, mit neuen Begriffen beschreiben und neu konstruieren möchten. Das Buch ist der erste von drei Bänden.

Deissler, K.G./Gergen, K.J. (Hg.) (2004): Die Wertschätzende Organisation, Bielefeld.

Dieses Buch ist das erste Band der Reihe DiskurSys: Es enthält neben der Ressource über »Wertschätzendes Organisieren« Kommentare und Auseinandersetzungen mit dem Konzept aus unterschiedlichen Perspektiven, Haltungen und Erfahrungen. Der Schwerpunkt der Ressource liegt in einem relationalen Verständnis des Prozesses des »Wertschätzenden Organisierens«. Dabei werden kleine, aber feine Unterschiede z.B. hinsichtlich Bedeutungserzeugung, kollaborativem Leiten, Förderung der Zusammenarbeit durch Stimmenvielfalt und Bewertung/Wertschätzung deutlich.

Gergen, K.J. (2002): Konstruierte Wirklichkeiten, Stuttgart.
Ken Gergen hat viele Artikel und Bücher geschrieben und seine Ideen zum Sozialen Konstruktionismus kenntnis- und ideenreich beschrieben. In diesem umfassenden Werk werden seine Ideen zusammengefasst, vertieft und weitergeführt. Es ist all denjenigen zu empfehlen, die eine qualitativ hochwertige Auseinandersetzung mit dem Thema wünschen.

Schreyögg, G. (Hg.) (1999): Organisation und Postmoderne. Grundfragen – Analysen – Perspektiven, Wiesbaden.
Dieses Buch stellt ein umfangreiches Werk postmodernistischer Ideen dar, wie sie im Bereich der Organisationsberatung vertreten werden. Der Leser sollte also keine einheitliche Ideenbildung im Rahmen dieses Buches erwarten. Es ist der Idee der »kleinen Erzählungen« verpflichtet und stellt somit ein reichhaltiges Inspirationsreservoir dar.

Lyotard, J.F. (1994 [1978]): Das postmoderne Wissen. Ein Bericht, Wien.
Lyotard gilt als der »Vater« postmoderner Ideen in den Bereichen Philosophie und inzwischen auch Beratung und Therapie. In diesem Buch begründet er seine skeptische Haltung gegenüber den »großen Erzählungen«, die dazu neigen, einzelne Menschen zu totalisieren bzw. terrorisieren. Er skizziert, wie Gespräche aussehen können, die eher »kleinen Erzählungen« verpflichtet sind. Er nennt sie »Paralogie«.

Weitere wichtige Hinweise finden Sie in den Aufsätzen der Autoren (s. Literaturverzeichnis, S. 129ff.) sowie auf den Internetseiten der Autorinnen und Autoren der Beiträge zu diesem Buch (s. Autorenverzeichnis, S. 145ff.).

Autorinnen und Autoren

Klaus G. Deissler, Dr. phil., Dipl.-Psychologe, wuchs in einer Unternehmerfamilie auf. Er gehört zu den Wegbereitern und Mentoren systemischer und postmoderner Beratungs- und Therapieformen. Seit 1976 ist er als Berater, Psychotherapeut und Weiterbildungsleiter tätig, gibt seit 1992 die »Zeitschrift für Systemische Therapie und Beratung« heraus und ist seit 1999 Gastprofessor am Servicio de Psyquiatria Professor René Yodú, Hospital Universitario Dr. Joaquin Albarran, Havanna. Er ist leitender Geschäftsführer des Weiterbildungsinstituts viisa in Marburg. Zahlreiche Veröffentlichungen zum Thema Beratung.

Tel.: *(06421) 59 08 70*
E-Mail: *beratung@deissler.org*
Internet: *www.deissler.org*
www.mics.de
www.marburger-beratergruppe.de

Kai W. Dierke, Dr. disc. pol., ist Managing Partner von Dierke Houben Associates, Consultation in Organisational Dynamics, Zürich. Nach langjähriger Erfahrung in einer weltweit führenden Strategieberatung und im Vorstand eines internationalen Finanzdienstleitungskonzerns ist er heute freier Organisations- und Strategieberater. Sein Arbeitsschwerpunkt ist die Gestaltung und Durchführung von komplexen Transformationsprozessen an der Schnittstelle zwischen Strategie- und Organisationsentwicklung. Zu seinen Klienten zählen öffentliche Institutionen ebenso wie Groß- und Mittelstandsunternehmen.

Tel.:   +41 (44) 2 51 83 44
E-Mail: *kai.dierke@dierkehouben.com*

Anke Houben, Dr. disc. pol., ist Managing Partner von Dierke Houben Associates, Consultation in Organisational Dynamics, Zürich. Nach langjähriger Führungserfahrung in einem internationalen Medienkonzern und als Senior Managerin in einer internationalen Strategieberatung ist sie heute freie Beraterin und Coach, u.a. am INSEAD Global Leadership Institute, Fontainebleau. Im Mittelpunkt ihrer Arbeit steht neben der Gestaltung und Durchführung von komplexen Transformationsprozessen das Coaching von Führungskräften und Führungsteams. Zu ihren Klienten zählen öffentliche Institutionen ebenso wie Groß- und Mittelstandsunternehmen.

Tel.:   +41 (44) 2 51 83 44
E-Mail: *anke.houben@dierkehouben.com*

Torsten Groth, Dipl. Sozialwissenschaftler, ist wiss. Mitarbeiter der Universität Witten/Herdecke am Wittener Institut für Familienunternehmen (WIFU). Zudem ist er Geschäftsführer des Management Zentrum Witten (MZW) und dort auch als Berater, Trainer und Coach tätig. Sein aktueller Forschungs- und Beratungsschwerpunkt: Familienunternehmen, hier v.a. Fragen der zukunftsfähigen Gestaltung von Gesellschafterkonstellationen. Zahlreiche Veröffentlichungen zu den Themen Management, Organisationsberatung und v.a. Familienunternehmen.

Tel.:   *(02302) 92 65 41; (0176) 21 02 74 17*
E-Mail: *tgroth@uni-wh.de*
Internet: *www.uni-wh.de/wifu*
   www.mz-witten.de

Franz Josef Hunecke, Dipl.-Pädagoge, Dipl.-Supervisor, ist Ausbilder für Pädagogen (Lehramt), arbeitet in der Organisationsentwicklung in öffentlichen Institutionen und bietet Laufbahn-Coaching an.

E-Mail: *fjhunecke@gmx.de*
Internet: *www.marburger-beratergruppe.de*

Iris Maaß arbeitet im Bereich Businessdevelopment Ausland und als Auditorin bei TÜV NORD. Nebenberuflich ist sie seit 2005 als systemische Beraterin für Freiberufler, Selbständige und Familienunternehmen in Hannover tätig. Sie ist Bankkauffrau und studierte Sprachen-, Wirtschafts- und Kulturraumstudien mit Schwerpunkt auf dem spanischsprachigen Kulturraum an den Universitäten Passau und Madrid.

Tel.: *(0511) 5 44 49 61*
E-Mail: *iris.maass@gmx.de*
Internet: *www.irislydiamaass.de*

Bodo Pisarsky, Dr. med., ist Facharzt für Kinder- und Jugendpsychiatrie und Psychotherapie, Psychiatrie, Balintgruppenleiter. Er ist niedergelassen in Berlin Tempelhof-Schöneberg mit einem sozialpsychiatrischen und familientherapeutischen Schwerpunkt.

Tel.: *(030) 6 94 63 20*
E-Mail: *bcpisarsky@t-online.de*
Internet: *www.kinderpsychiatrie-praxis.de*

Edeltraud Quinkler-Koch, Dr. med., studierte Psychologie und Medizin in Würzburg, München und Pisa. Sie ist Fachärztin für Neurologie, Psychiatrie und Psychotherapie, hat eine klinische Ausbildung in Neurologie an den Städtischen Kliniken Fulda sowie in Psychiatrie an der Universitätsklinik Marburg, eine Psychotherapie-Ausbildung am Psychoanalytischen Institut Gießen und eine Supervisions-Ausbildung am IPOM – Institut für Psychodynamische Organisationsberatung München abgeschlossen. Zurzeit ist sie in freier Praxis in Marburg tätig.

Tel.: *(06421) 68 20 29*
E-Mail: *edeltraud.quinkler-koch@web.de*
Internet: *www.marburger-beratergruppe.de*

Arist v. Schlippe, Prof. Dr. phil. habil., Dipl.-Psych., Psychol. Psychotherapeut, ist Inhaber des Lehrstuhls »Führung und Dynamik von Familienunternehmen« an der Privaten Universität Witten-Herdecke und war davor 23 Jahre im Fachgebiet Klinische Psychologie und Psychotherapie der Universität Osnabrück tätig. Er ist Lehrtherapeut für systemische Therapie und Lehrender Supervisor (SG) und Lehrtrainer am Institut für Familientherapie, Ausbildung und Entwicklung e.V., Weinheim. Seine Arbeits- und Forschungsschwerpunkte: Family Governance in Familienunternehmen, Familiengeschichten und Unternehmenskultur, Konfliktmanagement, Systemisches Elterncoaching.

Tel.: *(02302) 92 65 13*
E-Mail: *schlippe@uni-wh.de; schlippe@uos.de*
Internet: *www.uni-wh.de/wiwi/*

DiskurSys | Ressourcen zur Beratungspraxis

Klaus G. Deissler, Kenneth J. Gergen (Hg.)
Die Wertschätzende Organisation

2004, 196 Seiten,
kart., 18,80 €,
ISBN 3-89942-223-6

Die Akzentuierung des Positiven ist ein Grundsatz, der im geschäftlichen Alltag von Organisationen oft verloren geht. Wertschätzendes Organisieren liefert hier neben einem innovativen theoretischen Rahmen auch neue Praxisformen, die wachsende Effizienz-, Leistungs- und Qualitätsanforderungen erfüllen. Wertschätzendes Organisieren setzt dabei zwei zentrale Gedanken um: dass wir uns insbesondere für die Dinge engagieren, die uns etwas bedeuten und die wertvoll für uns sind, und dass diese Bedeutungen und Werte in Beziehungen hergestellt werden.

Im Mittelpunkt dieses Bandes steht der prominente Text von Kenneth Gergen et al. »Die Wertschätzende Organisation« (Titel der US-amerikanischen Originalausgabe: »The Appreciative Organisation«), der hier erstmalig in deutscher Übersetzung vorliegt. Experten aus unterschiedlichen Berufsfeldern diskutieren die neue Konzeption und untersuchen ihre Praxistauglichkeit.

Leseproben und weitere Informationen finden Sie unter:
www.transcript-verlag.de

Systemisches Coaching

Peter Szabó / Insoo Kim Berg

Kurz(zeit)coaching mit Langzeitwirkung

Wirksames Coaching muss weder lang noch kompliziert sein. Die Wirksamkeit des Coaching zeigt sich schließlich einfach darin, dass die KundInnen ihre Ziele so rasch wie möglich erreichen und sie sich dabei selber weiter entwickeln können. Genau dies zeigen Szabó und Berg in ihrem Buch auf. Sie geleiten die LeserIn Schritt für Schritt durch den Coaching-Prozess, beschreiben die einzelnen Phasen, zeigen auf, was es zu beachten gilt, demonstrieren an Fallbeispielen, wie es funktioniert und wie Kurz(zeit)coaching und Langzeitwirkung zusammengehen. Die Autoren sind erfahrene Coaches und ExpertInnen im lösungsorientierten Arbeiten. Dieses Buch ermöglicht einen Blick in ihre Werkstatt und zeigt zugleich, wie Sie als Coach Ihre eigenen Ressourcen und Kompetenzen lösungsorientiert nutzen können, um Ihren KlientInnen optimal hilfreich zu sein.
2006, 192 S., Format DIN A5, fester Einband
ISBN 978-3-938187-29-6, Bestell-Nr. 9382, sFr 50,00, € 29,80

Jürgen Hargens (Hrsg.)

Werkstattbuch Systemisches Coaching
Aus der Praxis für die Praxis

Coaches gewähren hier einen Einblick in ihre Praxis. Sie beschreiben dabei nicht nur, was sie tun, sondern sie erläutern auch, warum sie gerade das tun, was sie tun. So erhalten die LeserInnen einen sehr direkten und unmittelbaren Blick in die systemische Werkstatt – indem sie den Coaches gleichsam über die Schulter schauen, dabei sein und sehen können, was, wie, aus welchen Überlegungen heraus und mit welchen Folgen geschieht. Die Autoren sind nicht nur erfahrene Coaches, sondern – und das macht dieses Buch so außergewöhnlich – sie arbeiten auch in unterschiedlichen Situationen und Kontexten.
Jan. 2007, 160 S., Format DIN A5, fester Einband
ISBN 978-3-938187-32-6, Bestell-Nr. 9384, sFr 44,90, € 25,50

BORGMANN MEDIA

verlag modernes lernen *borgmann publishing*
Postfach • D-44005 Dortmund • **Kostenlose Bestell-Hotline:**
Tel. 0800 77 22 345 • FAX 0800 77 22 344
Ausführliche Informationen und Bestellen im Internet:
www.verlag-modernes-lernen.de